W0467527

Katharina Coblenz-Arfken

# Kosegarten

## Vorbote der Romantik von Rügen und Hiddensee

## Impressum

**Katharina Coblenz-Arfken** wurde 1952 in Uhyst, Spree geboren. Sie studierte Theologie an der Humboldt-Universität in Berlin und wurde evangelische Pastorin, zunächst in Grimmen dann in Altenkirchen auf Rügen. Sie ist verwitwet und hat zwei Kinder. 1989 promovierte sie über den Pfarrer, Dichter und kulturellen Entdecker Rügens Ludwig Gotthard Kosegarten. Sie übte verschiedene publizistische Tätigkeiten für Verlage, Zeitungen und Rundfunk-Anstalten aus. In ihrem Arcona-Verlag veröffentlichte sie u.a. eigene Lyrik. 1997 erschien ihr Roman „Katharina, Katharina" mit einer Aufarbeitung ihrer Stasi-Observierung. Sie lebt seit 2002 in Hohnstedt in der Nähe Göttingens als freie Autorin und Theologin.

© Erika Wübbena, Hamburger Haiku Verlag, Hamburg 2009

**Herstellung:** Books on Demand GmbH, Norderstedt

**Abbildungen:** © s. Bildnachweise S. 151

**Satz und Layout:** Hamburger Haiku Verlag

**ISBN:** 978-3-937257-91-4

**Internet:** www.haiku.de

# Inhaltsverzeichnis

Gotthard Ludwig Kosegarten, Kupferstich von H. Lips
nach einem Gemälde von Weström, 1798

# Vorbemerkung

Kosegarten gilt als Entdecker Rügens und Erfinder des Mythos Rügen. Seinerzeit verehrte man ihn als Dichter in Wien, honorierte ihn in Weimar und kannte ihn in Berlin. „Das ist die See, wo Kosegarten wohnt!", war ein Redetopos, den Kleist 1810 in Anbetracht des Bildes „Mönch am Meer" von Caspar David Friedrich in seinen Abendblättern in den Mund einer Betrachterin legte. Kein anderer hatte die Insel Rügen so viel bedichtet und in Romanen und Predigten verherrlicht wie Gotthard Ludwig Kosegarten.

Zu Lebzeiten erfreute er sich großer Beliebtheit und seine Romane las man mehr als Goethes und Schillers Werke. Im Dichten fand er sein Ausdrucksmittel. Hundertfach wurden seine Gedichte vertont und gesungen. Franz Schubert schuf mit über zwanzig Liedern einen ersten Liederzyklus. Schiller gestand ihm Genie zu, an Goethe schrieb Kosegarten seinen letzten (erhaltenen) sechsseitigen Brief. Schleiermacher verkehrte in seinem Haus. Auf die Maler der Romantik, Philipp Otto Runge und Caspar David Friedrich, wirkte er mit seinem Weltbild prägend. So wurde er ein Vorbote der Romantik.

Sein Sohn widmete ihm eine Biographie im Zusammenhang der Herausgabe seiner Werke. Ein ebenso liebevolles wie kritisch genaues Lebensbild verfasste 1887 Hermann Franck. Dann geriet Kosegarten in Vergessenheit. Denn politisch passte er nicht in ein zunehmend sich nationalistisch entwickelndes Deutschland. Er zerbrach auch daran, dass seine Schriften unter dem Nationalisten Jahn auf dem Wartburgfest 1817 verbrannt wurden. Er mahnte zur Mäßigung, während der ehemalige Hauslehrer seiner Kinder, Ernst Moritz Arndt, zu Hass und Mord gegen die Franzosen aufrief.

Im Blick auf die Vergangenheit tut es gut, Stimmen wie Kosegartens zu finden, für die Krieg ein unentschuldbares Übel bleibt. Es ist das Verdienst eines Amerikaners, Lewis M. Holmes, der sich mit Kosegarten als Vorfahren intensiv beschäftigte, um die politische Tragweite der Handlungsweise Kosegartens auszuloten.

In einer Zeit, in der die Natur unter dem Zugriff des Menschen droht kaputt zu gehen, bekommt Kosegartens Stimme einen neuen Resonanzboden. Denn er sah es als seine Aufgabe, die Natur als aufgeschlagenes Buch Gottes in all ihrer Schönheit den Menschen nahe zu bringen, sie damit zum Leben zu locken, zu ermutigen und zu trösten. Er folgte seinem Gefühl. Wie nahe Kosegarten damit unseren Zeitproblemen stand wird in Kapitel 6.5. deutlich.

Er hattte sich gewünscht, *daß dermal einst unter den säuselnden Wipfeln* der von ihm gepflanzten *Eschen, Pappeln und Linden die Julien und Lotten der Nachwelt sitzen, in seinen Liedern lesen und seiner gedenken* (Brief an Julia, die Schwester seiner Frau, o.D.). Sind auch viele seiner Texte in ihrer Ausdrucksweise nicht mehr zu übernehmen, so bleiben doch zahlreiche Gedanken, die uns heute noch ansprechen und unser Verständnis für die Vergangenheit erweitern.

Das Buch ist keine wissenschaftliche Monographie. Ich will von Kosegarten erzählen und ihn sprechen lassen. Die Zitate habe ich kursiv kenntlich gemacht. Aus dem Kontext gehen die Quellen hervor und sind im Literaturverzeichnis auffindbar.

Am Ende dieses Buches sind auch all die Menschen mit Namen und Wohnort verzeichnet, die sein Zustandekommen maßgeblich ermöglicht haben. Das sind die Subskribenten, die durch Ihren Kauf vor Drucklegung des Buches dem Verlag und mir ermöglicht haben, das wirtschaftliche Risiko zu begrenzen. Ein Gedanke, der bereits in den Büchern Kosegartens umgesetzt wurde und der, wie bereits vor zweihundert Jahren, den Freundeskreis von Kosegarten jedem Leser sichtbar vor Augen führt.

Mein besonderer Dank gilt: Esther und Samuel Coblenz, Ernst Arfken, Christa Cibulka, Wolf-Matthias Friedrich, Eberhard Rohse, Levis. M. Holmes, Heinrich Fink, Walter G. Goes, Hertha und Arnim Juhre, Stefan Wolfschütz, Susanne Grätsch, Ilona Schmidt, Eckhart Redersborg!

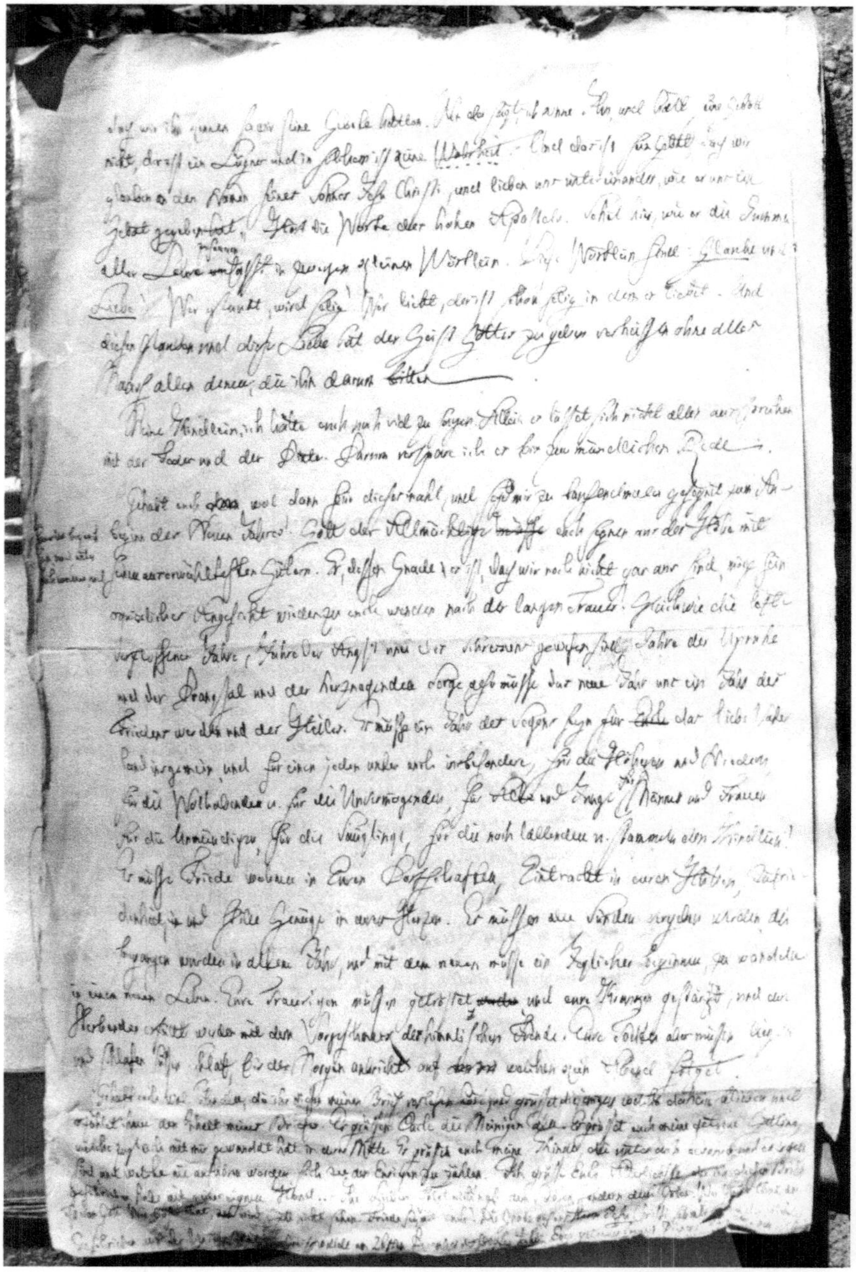

Manuskriptseite von Kosegarten, 1811

Grabstein Ludwig Gotthard Kosegarten

## 1. Wer war Kosegarten?

In meinem Zimmer habe ich Fotos ausgebreitet. Die meisten stammen aus Altenkirchen auf Rügen. Dort lebte der Dichter von 1792 bis 1808. Sechzehn Jahre seines Lebens. Im besten Mannesalter. Er war Pfarrer. Kosegarten. Kein alltäglicher Name. Ich begegnete ihm mehr als zweihundert Jahre später auf der Insel Rügen. Wann hörte ich das erste Mal von ihm? Es war ein heißer Augustabend im Jahre 1980 auf dem Zeltplatz am Strand der Schaabe. Die Freunde kamen von der Kirchenführung zurück. Der Pfarrer hatte von Kosegarten erzählt. Musste man ihn kennen? Ich wollte nicht ungebildet erscheinen. Hob mir die Fragen für später auf.

Als ich einige Jahre später im gleichen Pfarrhaus lebte, begegnete ich ihm wieder. Denn jedes Mal, wenn ich von unserem idyllisch hinter der Kirche gelegenen Pfarrhaus ins Dorf gehen wollte, kam ich an seinem Grab vorbei. Oft habe ich ihm Blumen aufs Grab gestellt. Wunschgemäß ruht er an der Südwestwand der alten Kirche, so als wollte er immer noch aus dem Hintergrund verfolgen, wer in seine Kirche hineingeht. Es bereitete mir Mühe, die verwitterte Schrift zu entziffern. Jahre später ließen wir sie erneuern.

*Hier ruht in Gott Ludwig Gotthard Kosegarten weiland Pastor zu Altenkirchen und Professor zu Greifswald geb. zu Grevesmühlen am 1. Februar 1758 gest. zu Greifswald am 26. Oktober 1818.* Auf die Rückseite des Steins ließen die Seinen eine Liedstrophe Paul Gerhardts eingravieren:

*Du aber meine Freude,*
*Du meines Lebens Licht,*
*Du zeuchst mich, wenn ich scheide,*
*Hin vor dein Angesicht*
*Ins Haus der ewgen Wonne,*
*Da ich stets freudenvoll*
*Gleich als die helle Sonne*
*Nebst andern scheinen soll.*

Evangelisches Gesangbuch (EG) 529,11

Ludwig Theoboul Kosegarten's

# Poesieen.

Zweyter Band.

Leipzig,
bei Heinrich Gräff.
1798.

Titelkupfer (Arkona) von E. Schubert zu Poesien 2. Band, 1798

Auch Goethe verfasste für Kosegarten einen Grabspruch. Leider kam er zu spät, doch kann man daran die Wertschätzung Goethes ablesen.

*Laßt nach vielgeprüftem Leben*
*hier den edlen Pilgrim ruhn,*
*ehrt sein Wollen und sein Streben,*
*wie sein Dichten und sein Tun.*

Wer war Gotthard Ludwig Kosegarten? Zu unserem Amtsbeginn bekamen wir einen Keramikteller geschenkt. Der Begründer der Rügenkeramik, Wilhelm Löber, hatte den Kopf Kosegartens nach einem Gemälde von Weström modelliert und ihn mit dem Spruchband umrundet: *Gotthard Ludwig Kosegarten 1758 - 1818 Künder der Schönheit Rügens*. Das weckte Neugier. Im Pfarrhaus fand ich noch zwei Bilder von ihm. Das Gemälde von Weström aus dem Jahre 1798 und den Kupferstich von H. Lips. Ein in die Ferne gerichteter Blick begegnet mir. Ein Zug von Schwermut liegt in ihm. Sorgfältig frisiertes Haar umrahmt sein Gesicht. Die schwarzen Locken fallen bis auf die Schultern. Weström porträtierte den Dichter. Oder den Pfarrer? Kosegarten war beides. Von einer alten Frau hörte ich erstmals Verse von ihm:

*Dort, wo umschäumt Arkona*
*Die Brust den Wogen beut*
*Schaut glanzberauscht das Auge*
*In die Unendlichkeit*
*Es späht in Ost und Westen*
*In Süd und Nord der Blick*
*Und späht umsonst. Nicht draußen,*
*Nein, drinnen wohnt das Glück.*

Sie sprach das Gedicht auswendig. Man lehrte es die Kinder damals in der Schule und weckte damit ihre Liebe zur Insel. Nicht draußen, nein, drinnen wohnt das Glück. Das kann jeder nachvollziehen. Das ist einfach.

Ich forschte nach. Diese Verse entstanden auf Rügen. Das ganze Gedicht entdeckte ich in dem Roman *Ida von Plessen*, den Kosegarten 1806 veröffentlichte. Eine Liebeserklärung an Rügen. In zahlreichen Versen, Romanen und Stücken hat er diese Insel besungen und weit über ihre

Grenzen hinaus bekannt gemacht. Sein eigenes Leben verlief in engeren Grenzen. Von Mecklenburg nach Pommern. Schwedisch Vorpommern. Grevesmühlen - Greifswald - Rügen - Wolgast - Rügen und zuletzt wieder Greifswald.

Caspar David Friedrich, Kreidefelsen auf Rügen, 1818-1822

## 2. Kindheit und Jugend in Grevesmühlen

Kosegarten wurde in Grevesmühlen, einer Kleinstadt inmitten von malerischen Seen und bewaldeten Hügeln in Mecklenburg, am 1. Februar 1758 geboren. Als die Bundesautobahn A 20 noch nicht gebaut war, sah man auf der Fahrt von Rügen nach Lübeck die dicke Kirchturmspitze grüßen. Am 3. Februar 1758 taufte ihn sein Vater auf den Namen Ludwig Gotthard. Den Namen Theobul, unter dem Kosegarten als Dichter und Schriftsteller in Lexika zu finden ist, hatte er bei der Herausgabe seiner ersten Gedichte angenommen. Er hielt ihn für die griechische Übersetzung seines Namens Gotthard.

Später reute ihn dieser Modespleen und er nahm in einer beigefügten Erklärung zur *Geschichte seines fünfzigsten Lebensjahres*, einer autobiographischen Verteidigungsschrift, den Namen Gotthard wieder an.

Die Familie Kosegartens lässt sich bis auf den Urgroßvater zurückverfolgen, der ein „ehrsamer Bürger" der Stadt Malchow war. Sein Sohn, Adam Kosegarten, handelte mit Gewürzen in Parchim. Er heiratete die Tochter des Pfarrers Hartmann. Ihr zweiter Sohn, Bernhard Christian, geboren am 7. März 1722, wurde Kosegartens Vater.

Bald zog die Familie nach Stargard im Herzogtum Strelitz. Die Mutter wünschte sich, dass wenigstens ihr Sohn Bernhard Christian die Familientradition fortsetzt und auch Pfarrer wird. Denn der ältere Bruder war schon im Kindesalter gestorben.

In der Erziehung vertraten Kosegartens Großeltern väterlicherseits unterschiedliche Prinzipien: Was der Vater durch schädliche (!) Güte verderben mochte, ersetzte die Mutter reichlich durch verweisende und tätliche Strafen. Kindliches Spiel, Umgang mit anderen Kindern wurde untersagt zugunsten eines geistlichen Gedächtnistrainings. Eine dürftige Schulbildung in der Stadtschule, wo die Flasche Branntwein die Gunst des Lehrers verschaffte, und wenn sie ausblieb, *dem Buckel die Erinnerung eingebleut wurde,* rundete die Erziehung ab. Die Prima absolvierte der Vater Kosegartens auf dem Gymnasium in Güstrow, wo Himmels- und Erdgloben so wenig benutzt wurden wie die nicht unbeträchtliche Schulbibliothek.

Nach bestandenem Abitur studierte er ab Ostern 1739 Theologie in Rostock. Dort lehrte sein Onkel Joachim Hartmann Dogmatik. Damals beherrschte Theologengezänk die Universitäten. Orthodoxe und Pietisten bekämpften sich. Die einen wollten an den alten Glaubenssätzen und Dogmen festhalten, die anderen ihrem Gefühl mit „Erleuchtung" und „Bekehrung" folgen. Eine dritte Strömung, der Rationalismus, nahm Überhand und setzte sich durch. Die Welt wurde nach Verstand und Nützlichkeit beurteilt. Der Philosoph Christian Wolff in Halle war einer der führenden Vertreter des Rationalismus.

Kosegartens Onkel, ein der Wolffschen Lehre aufgeschlossener Dozent, stand im harten Gegensatz zu dem alten streng lutherischen, antimystischen, antipietistischen und antirationalistischen orthodoxen Prof. Aepinus. Von diesem „anti" bekam der Student sicher einiges mit, was die späteren Kontroversen mit seinen Amtskollegen zeigen werden. Die Studenten betätigten sich mehr in Zweikämpfen und Liebeshändeln als in theologischen Studien. Hatten die Eltern Angst, dass ihr Sohn auf die schiefe Bahn kommt? Oder fehlte das Geld? Sie holten ihn 1740 nach Hause und er versuchte sich in drei verschiedenen Hauslehrerstellen. Nach fünf Jahren Dienst in verschiedenen Familien konnte er sich 1745 ein weiteres Semester in Halle leisten.

Kosegartens Vater neigte eher zur Orthodoxie und liebte die klaren Begriffsbestimmungen der Baumgartenschen Glaubenslehre, sowie den Grundsatz, bei jedem Lehrpunkt die sich daraus ergebenden sittlichen Pflichten und Trostgründe zu erörtern. Eine sehr pragmatische Auffassung des christlichen Glaubens. Von der Urwüchsigkeit dieses Mannes erzählt eine Anekdote, dass er der Gemeinde oft derb in der sonntäglichen Predigt über die Köpfe gefahren sei, in Hochdeutsch wie in Platt: *Liebe Gemeinde! Worum sollen wir Gott bitten? Um'n Büddel voll Geld? Quark! (Mit der Faust auf die Kanzel donnernd) Daß wir sollen göttlich leben ...* Während seiner Amtsjahre füllten sich die Konsistorialakten mit Prozessunterlagen und Maßregelungen gegen ihn. Er muss es verstanden haben, sich zu verteidigen und ins Recht zu setzen. Niemand konnte ihm seine Stelle streitig machen.

Denn nach dem Studium und den Hauslehrerjahren erhielt er dank seines Onkels Hartmann, der zugleich auch Superintendent für den mecklenburgischen Kirchenkreis war, die zweite Pfarrstelle in Grevesmühlen. Aber er durfte die Pfarrstelle nur antreten, wenn er die Tochter seines Amtvorgängers, Sophie Johanna Buttstädt, heiratete. *Sie war wegen ihrer Sanftmut, ihrer geräuschlosen und besonnenen Tätigkeit und wegen ihrer Wohltaten, die sie Armen und Notleidenden erwies, allgemein beliebt.*

Am 11. August 1750, genau einen Monat nach seiner Anstellung als Hilfsprediger, fand die Hochzeit statt. Gekannt haben sich die beiden vorher nicht. Es war weit verbreitete Praxis im 18. Jahrhundert, dass, wer eine eigene Pfarrstelle bekommen wollte, einfach die Witwe oder Tochter des Vorgängers heiratete. Das Paar bezog das Haus des zweiten Predigers *an einer zum Kirchplatz führenden Straße.* Als Gotthard Ludwig geboren wurde, bewohnte die Familie schon das Haus des Präpositus (der Titel entspricht dem heutigen Amt eines Superintendenten), denn Kosegartens Vater war inzwischen zum ersten Prediger aufgestiegen.

Das Geburtshaus steht heute nicht mehr. Es wurde 1812 abgetragen. Das damals neu erbaute Pfarrhaus trägt dafür die Gedenktafel aus dem Jahr 1988. Kosegartens Biograph Franck schildert das Elternhaus als sehr geräumig. Im Erdgeschoss befanden sich das Studierzimmer, ein Versammlungsraum für die Synode, der Speiseraum und eine gemütliche Hinterstube. Im Dachgeschoss hatten die Jungen und die Großmutter ihre Zimmer. Wo Küche und Schlafzimmer sich befanden, erfahren wir nicht. Kosegartens Mutter bekam sieben Kinder innerhalb von zehn Jahren. Gotthard war das fünfte. Die Kinder wurden zu Hause geboren. Wenn die Wehen einsetzten, kam die Hebamme. Kinderkriegen war Frauensache. War das Kind da, bekam der Vater es frisch gewickelt in den Arm gelegt. Wunder Mensch. Wird es leben? Das vierte Kind war ein Mädchen, Elisabeth. Sie starb mit knapp drei Jahren. Kosegarten erinnerte sich an sie in dem 1777 veröffentlichten Gedicht *Die Sterne*:

*... sie hat*
*Mit ihren dreijährigen blauen Aug'*
*Die Sternlein selten gesehn.*
*Da kam ihr Engel schon. Er gewann*
*Sie lieb und nahm sie mit.*
*Sie entschlief auf unsrer Mutter Schoß*
*Und schläft zur Rechten ihr.*

Die Mutter starb ein Jahr später. Todesursache: Auszehrung. Was hatte sie erschöpft? Die sieben Kinder? Der Pfarrhaushalt? Sie wusste, dass sie sterben würde und nahm Abschied von ihren Lieben. An jenem 5. Mai 1762 war Kosegarten vier Jahre alt.

*Der Gatte und alle Kinder* hatten sich *um ihr Sterbebett versammelt.* Sie sah *weinend gen Himmel, suchte den Gatten zu trösten und segnete die wimmernden Kinder. Dann wurde sie immer stiller und schloß endlich mit ruhigem Antlitz die müden Augen.* Der Vierjährige verinnerlichte diesen Verlust. Seine Fantasie malte sich dichtend Trost. Oft erschien ihm seine

Mutter im Traum, er sah sie im Himmel, wo sie in Palmenwäldern mit Engeln in weißen Seiden den Ring der hochzeitlichen Freuden trug. Idealisierte er so früh diesen Verlust? Die Frage bleibt offen, wie er den Tod der Mutter bewältigte. Er wurde ein stilles Kind. In der Natur suchte und fand er Trost.

Die sechs zurückbleibenden Kinder waren zwischen ein und elf Jahren alt. Der Vater, inzwischen vierzig, heiratete noch im selben Jahr im Dezember die einzige Tochter des verstorbenen Hofrats Steigehaus aus Schwerin: Anna Christina. Sie war neunzehn und brachte ihre Mutter mit ins Pfarrhaus.

Anna Christina wurde nun die Mutter für die Kinder ihres Mannes. Es heißt, sie sorgte sich *mit treuer Liebe und verständiger Einsicht* um die sechs Waisen. Sechs weitere Kinder kamen dazu. Vier von ihnen überlebten. Anna Christina starb mit 56 Jahren. Da war ihr jüngstes Kind neunzehn. Um den Vater brauchte sich niemand zu sorgen. Er heiratete wieder schnell. Dass diese dritte Frau Friederike, die Tochter des Rats-Chirurgen aus Lübeck, ihn sehr bald mit einem der Söhne ihres Ehemannes, ihrem Stiefsohn Friedrich Franz verließ, wurde zum ersten Mal 1938 von Rudolf Ziel dargestellt. Sein Biograf Franck verschwieg diesen Eklat. Die Ehe wurde durch den Landesfürsten sofort für nichtig erklärt. So einfach konnte eine Scheidung sein bzw. umgangen werden. Der Vater ließ sich auch von keinem hindern, achtzigjährig noch die zugezogene Magd aus Drontheim, Ingeborg Anna Linden, zu heiraten. Nun betrug der Altersunterschied wohl an die sechzig Jahre. Sie gebar am 12. Juni 1803 eine Juliana Maria. Dazu vermerkt das Taufregister von Ahrendshagen: *Anfänglich wurde ein Student aus Rostock ... als Vater angegeben. Aber als d. H.* (der Herr) *Präpositus* (Kosegarten) *gestorben war, so wurde dieser von der Fr.* (Frau) *Präpositus als Vater angegeben.* Aber das berührte den toten Kosegarten nicht mehr.

Für die Erziehung von Gotthard Ludwig war vor allem die zweite Frau des Vaters, Anna Christina, prägend. Sie wurde als einfühlsam und still charakterisiert und brachte ihr Geld mit in die Ehe, aber auch ihre verwitwete Mutter. Es gab viel Zank und Streit, besonders, weil Christinas Mutter den Kindern aus erster Ehe feind war, während ihre Tochter sich bemühte, allen Kindern gerecht zu werden. So ging es im Pfarrhaus in Grevesmühlen nicht immer fröhlich, aber stets laut her.

War das der Grund, dass Kosegarten sich als Kind zurückzog? *Gotthard soll in den ersten Lebensjahren sehr still und verschlossen gewesen sein.* Erst mit elf Jahren *fing er an, mehr hervorzutreten und seine guten Geistesanlagen zu zeigen.* Das Leben in diesem Pfarrhaus folgte strengen Regeln. Die Kinder mussten früh aufstehen. Sie wurden zu Botengängen angehalten und zu leichter Gartenarbeit, zum Säen und Pflanzen. Abends durften sie spazieren gehen. Bis 22.00 Uhr war erlaubt. Die Eltern wurden in gehobenen Kreisen zu der Zeit mit „Sie" angeredet. Man sagte „Herr Vater" und „Frau Mutter". Schafft das an sich schon eine Distanz? Später wird Kosegartens eigene Tochter zu ihm „Vaterchen" sagen. Welch ein Kontrast innerhalb einer Generation.

Der Stadtschule traute der Vater schon aus eigener Erfahrung nicht viel zu. Deshalb unterrichtete er die Kinder selbst. Da er wenig Zeit hatte, leitete er sie zum Selbststudium an und nahm Hauslehrer auf.

Die beiden Kandidaten der Theologie, Nonn und Blumenthal, mühten sich nacheinander um die Kosegartenschen Kinder. Gotthard war knapp 10 Jahre alt, als der junge Nonn ins Haus kam. Blumenthal löste ihn ab und blieb bis 1772. Dann übernahm den Unterricht der vom Studium heimgekehrte älteste Bruder Johann, bis er selbst eine eigene Hauslehrerstelle fand.

Auch Gotthard musste sehr bald seine jüngeren Geschwister, Joshua und Bernhard, unterrichten. Er klagte über *einen Mangel an Autorität.* Kein Wunder, er war nur ein bzw. drei Jahre älter. Am 15. April 1773 *erhielt Josua wegen der beim Informieren gegen mich ausgestoßenen Grobheiten von Herrn Vater eine Tracht Schläge.* Vier Tage später wurde der Unterricht nach unten in die kleine Stube in Nähe des väterlichen Amtzimmers verlegt, *damit Herr Vater mehr Acht auf uns geben kann. Es ist mir auch dies ganz lieb, denn die Grobheiten der andern wurden mir oben je länger, je unerträglicher. Ich bin überhaupt eines so kraft- und autoritätlosen Informierens satt und müde.*

Das Maß seiner Drangsale war am Überlaufen, als ihm im nächsten Frühjahr noch der sechsjährige Ludwig und der vierjährige Christian übergeben wurden. Mit dem Unterricht wurde dem Heranwachsenden ziemlich viel abverlangt. Erstaunlich, wie er es dabei schaffte, noch so viel für sich zu lesen.

Der Vater forderte Rechenschaft über die geleistete Arbeit. Dem lateinischen Bericht vom 3. Januar 1774 nach war Kosegarten in der Lage, den hebräischen Text der Bibel ohne Lexikon und Grammatik zu übersetzen. Nahm er sich den Vater zum Vorbild, der selbst täglich mehrere Stunden dem Studium der Bibel im Urtext widmete?

Im Griechischen hatte der Sohn *das Alte und das Neue Testament vollständig bis auf die Offenbarung Joh. gelesen.* Er bat den Vater um die Lektüre des Homer. Was Gotthard hier berichtet, ist sehr viel. Forderte der Vater wirklich diesen Rechenschaftsbericht in Latein? Oder wollte der Sohn sich Pluspunkte verschaffen? Latein übte er u.a. durch Lesen von Cicero und Justin.

Auch die gehobene Umgangssprache, Französisch, stand auf dem Lehrplan. Englisch brachte er sich wahrscheinlich durch das Lesen der Romane und ihrer Übersetzung selbst bei: Goldsmiths *Landpriester von Wakefield,* Sternes *Empfindsame Reise,* Richardsons *Grandison* und *Pamela,* Fieldings *Tom Jones* und viele andere Bestseller der Zeit. Selbstverständlich las er die Hauptwerke der deutschen Literatur – freiwillig. Er verschlang alles, was er bekommen konnte. Von Opitz bis Claudius. Klopstock war seine Lieblingslektüre. Im Tagebuch vom 30. Oktober 1774 erwähnte er die Rezension *eines gewissen Buches,* die ihn tief ergriffen hatte. Das Buch selbst, *Die Leiden des jungen Werthers,* wird er erst auf der Reise zum Studium nach Greifswald lesen.

Glaubt man seinen Tagebüchern, dann arbeitete er bis zu sechzehn Stunden am Tag. In Mußestunden schaute er sich Landkarten an. Es ist die Insel Rügen, die er bestaunte mit ihren *unzähligen Kämmen und Einschnitten.* Er dachte sich Abenteuer aus und wünschte sich *auf einen ihrer Berge hin.* Seine „Rosenmonde" wird er dort feiern.

Es wundert mich nicht, dass diese Menge an Büchern ihn bald zu eigenen Versuchen anregte. Seinen Gedichten merkt der Kenner an, ob er von Opitz, Gottsched oder Klopstock inspiriert war. Aber vor allem ließ er sich von seinem Gefühl für die Natur leiten. Die Natur *nährt* ihn, *facht* ihn *zur Flamme an. Erst in reifen Jahren las ich die Alten und die Neuen, die meinen Geschmack läuterten ...*

*Nachgeahmt zu haben wüßt ich keinen, Klopstock und Ossian ausgenommen, deren übergewaltiger Genius mich so mächtig fortriß, daß ich eine Zeitlang nur in ihnen lebte und webte.* So sein Bekenntnis im Vorwort zu seinen Dichtungen von 1788. Mit *Ossian* meinte er ganz alte Verse zu lesen. Auch Goethe war diesem Irrtum erlegen.

Schon mit sechzehn Jahren legte er sich eine Sammlung von Gedichten in vier Heften an. Ein fünftes kommt in der Universitätszeit dazu. Sie sind verloren gegangen. Franck hat sie noch gesichtet und festgestellt, dass nur zwei Gedichte daraus von Kosegarten später veröffentlicht wurden. Er traf also schon eine Auslese.

Was sollte Kosegarten werden? Berufswunsch: Pfarrer. War es wirklich sein Wunsch? Oder blieb ihm keine Wahl? Ein Pfarrerskind wurde wieder Pfarrer. Das Pfarrhaus als Pflanzstätte der Intelligenz.

Die Worte Goethes aus *Dichtung und Wahrheit* kannte Kosegarten noch nicht: *Ein protestantischer Landgeistlicher ist vielleicht der schönste Gegenstand einer modernen Idylle. Er ist Vater, Hausherr, Landmann und so vollkommen ein Glied der Gemeinde. Auf diesem reinen, schönen, irdischen Grunde beruht sein höherer Beruf. Ihm ist übergeben, die Menschen ins Leben zu führen, für ihre geistige Nahrung zu sorgen, sie bei allen Hauptepochen ihres Daseins zu segnen, zu bekehren, zu kräftigen, zu trösten und wenn der Trost für die Gegenwart nicht ausreicht, die Hoffnung einer glücklicheren Zukunft herbeizurufen und zu verbürgen.*

Der Vater hielt sonntags dreimal Gottesdienst. Die Predigten dehnten sich dabei über eine Stunde aus. Natürlich hörte Gotthard zu. Mit wachsender Teilnahme. Sein Konfirmationsgottesdienst Gründonnerstag 1772 begann um halb 9 und dauerte bis 13 Uhr. Es war kein Absitzen der Zeit. Mit Herz und Seele war er dabei.

In seinen Tagebüchern notierte er dazu: *Ach, wen diese Zeremonie nicht rührt, der ist ein Unchrist, der ist nicht wert, ein Mensch zu heißen.* Die Musik im Gottesdienst war ihm wichtig. Besonders die Lieder Martin Luthers hatten es ihm angetan. Mit sechzehn Jahren durfte er seine erste Predigt halten, am Karfreitagnachmittag 1774, über *die merkwürdigen und vorteilhaften Absichten Gottes bei dem Begräbnis Jesu.* Wir kennen diese Predigt nicht. Am Fest Mariä Heimsuchung im Herbst desselben Jahres sprach er *Von der inneren Zufriedenheit als dem wahrhaften Glück und dem Mittel zu derselben zu gelangen.* Jahre später dichtet er: *Nicht draußen, nein, drinnen wohnt das Glück!*

Die Predigten musste der Sohn schriftlich ausarbeiten, dem Vater vorlegen und dann mehrmals zur Übung im langsamen und deutlichen Sprechen von der Kanzel dem Vater vortragen. So konnte nichts schief gehen. Der Beifall der versammelten Gemeinde war ihm gewiss. Trotzdem wurde der Vater daraufhin zum Konsistorium zitiert. Er hatte die Predigtkonzepte einsenden müssen. Er war auf alles gefasst. Doch zum Erstaunen begegnete man ihm dort in Rostock mit viel Achtung. Sie hatten nichts auszusetzen und begruben die Predigten im Archiv. Heute nicht mehr auffindbar. Kosegarten sollte und wollte Pfarrer werden.

## 3. Studium in Greifswald 1775 - 1777

Der Vater, der sich zum entschiedenen Gegner der Pietisten entwickelt hatte, wollte den Sohn von solchen Einflüssen fernhalten. Deshalb schickte er Gotthard zum Theologiestudium nach Greifswald, ins damalige Ausland nach Schwedisch-Pommern. Neben den religiösen Bedenken standen sicher auch praktische Gründe. Der alte Kosegarten hatte sich in seiner Streitbarkeit einflussreiche Feinde geschaffen und hegte daher begründete Befürchtungen für die Karrierechancen seines Sohnes im eigenen Land.

Wer bezahlte das Studium? Das Geld reichte so schon kaum für den fünfzehnköpfigen Haushalt. 12 Kinder, Eltern, Schwiegermutter und mitunter Hauslehrer und Hilfen wollten ernährt werden. Schon damals brauchte man einen Sponsor. Der Rittmeister von Bassewitz war bereit, ein Stipendium von 115 Talern für zwei Jahre zu zahlen. Wie viel ist das eigentlich? Was kann man mit knapp 5 Talern im Monat anfangen? Viele Menschen kamen mit 3 Talern als Monatslohn aus. Als Gegenleistung verpflichtete sich Gotthard, zweimal im Jahr bei seinem Gönner zu predigen. Von seinem ersten Besuch bei diesem war Kosegarten sehr enttäuscht. Der Rittmeister empfing seine Gäste im Schlafrock. Zum Mittagessen gab es *Wein ... im Überfluß, aber die Speisen waren mit einem adligen Gout zugerichtet, d.h. halb gar, kalt und räuchericht, kein Bissen, der einen gesunden mecklenburgischen Magen hätte befriedigen können.*

Gotthard hielt seine Predigt am 1. Oktober 1775 in Hohenlukow. Im Gutachten des Ortspfarrers heißt es: *die Predigt sei gut und reich an schönen Gedanken und Schilderungen gewesen, aber zu gesucht und zur Erbauung der Bauerngemeinde nicht geeignet.* Kosegarten selbst fand sich *nicht dogmatisch genug und zu philosophisch für einen, der auch dem Pöbel verständlich sein will.* Darum wird er sich später ganz in der Tradition Luthers mühen, *dem Volk aufs Maul zu schauen,* dass ihn auch *Hans und Liese* verstehen. Später wurde er in Künstlerkreisen dafür gescholten. Man rümpfte die Nase über ihn.

Mit dem Bestseller des Jahres 1774 – Goethes *Werther* – reiste er nach Rostock und machte Station bei seinem Onkel Buddig. *So eben hab´ ich den Werther durchgelesen. Ich bin gerührt, ich bin mit ihm verzweifelt, fast hätt´ ich mich mit ihm durchstoßen. Ach der Arme! Wie fühl´ ich's, dass ein Zustand von seiner Art gar wohl möglich ist, da kein Sonnenstrahl uns lä-*

*chelt und überall nur Verzweiflung uns anstarrt, da Verlassung dieses Quallebens Trost ist, der einzige, den der Unglückliche fassen kann. Ach der Zustand ist möglich, ich fühl´ es. Ist er verdammlich? Wird ein Allliebender ihn rächen? Ich fühl´ es nicht, ich verstumme.*

Erinnerte er sich seiner Neigung und Schwärmerei für das Nachbarmädchen Friederike daheim in Grevesmühlen? Kaum dass er als Fünfzehnjähriger ihr seine Liebe gestehen konnte, verlobte sich diese und heiratete einen anderen. Er kannte das Heinegedicht noch nicht:

*Ein Jüngling liebt ein Mädchen,*
*das hat einen andern erwählt.*
*Der andre liebt eine andre*
*und hat sich mit ihr vermählt.*

*Das Mädchen nimmt aus Ärger*
*den ersten besten Mann,*
*der ihr in den Weg gelaufen,*
*der Jüngling ist übel dran.*

*Es ist eine alte Geschichte,*
*doch bleibt sie ewig neu*
*und wem sie just passieret*
*dem bricht das Herz entzwei.*

Hier war es umgekehrt. Bloß als Mann musste er nicht sofort eine andere heiraten. Dafür Todesgedanken. Sich am Schmerz der anderen über seinen Tod zu weiden, übte eine merkwürdige Faszination aus. Er sah die anderen an seinem Grabe weinen. Wieder fand er in der Natur Geborgenheit, Trost und Ansporn für sein Schaffen. Auch er war erfasst von dem Goethischen Gedanken des Allliebenden.

Caspar David Friedrich, Wiesen bei Greifswald um 1820

Sein Gedicht *Das Wehen des Allliebenden* entstand wenig später am 1. Juni 1776 und fand Eingang in seine *Melancholien:*

*Er, den dein Herz verkennet*
*Und doch mit Inbrunst sucht,*
*Er ist von dir nicht ferne.*
*Das Auge, das ihn sucht,*
*Wie leicht mag's ihn entdecken!*
*Er wandelt um dich her,*
*Im Abendrot, im Walde,*
*Zu Land und auf dem Meer.*
...
*Ihn, ihn, den Vater kennen*
*Ist mehr denn Erdenfreud'.*
*Ihn innig, innig lieben,*
*Ist Himmelsseligkeit.*

Diese Gedanken durchziehen sein ganzes Werk und werden bestimmend für seine Theologie.

Gotthard reiste mit der Postkutsche nach Greifswald weiter. Fremd erschien ihm die Gegend. Von Stralsund aus fuhr ein Student namens Ziemsen mit. Obwohl er auf Kosegarten einen melancholischen Eindruck machte, sorgte er sich doch um Gotthard, nahm ihn mit in seine Wohnung und *teilte gutherzig sein enges Bett mit ihm.*

Die nächsten Tage kümmerte sich Gotthard um die Aufnahme in die Universität und wurde akademischer Bürger der Stadt. Bald fand er eine eigene Wohnung. Aber es fiel ihm schwer, allein zurecht zu kommen. Kommilitonen nahmen ihn sonntags mit in die Kirche, wo Professor Quistorp predigte. Aber er fand dort keinen Trost. Auch der Gottesdienst nachmittags in der Jakobikirche besserte seine Stimmung nicht. Mittags aß er in der Communite, einer Art Mensa. Jeder Studierende konnte hier für 25 Taler im Jahr essen. Es gab *Reis und Braten, Butter und Brot im Überfluß.* Abends fand er sich wieder allein auf seiner Stube, *in trüber Stimmung, bis endlich Heimweh und Verzweiflung sich in Tränen lösten, und der Schlaf die ermüdete Seele umfing.*

Greifswald als Stadt blieb ihm fremd. Die flache Gegend erschien ihm öde und traurig im Vergleich zu den sanften Höhen und waldumsäumten Seen der Heimat. Der raue Ton des Studentenlebens mutete ihm fremd an, mit lärmenden Kommersliedern und Degengeklirr bewaffneter Studenten.

Kosegarten empfand die kirchlichen Gottesdienste als armselig. Die Predigten erschienen ihm Wiederholungen der Kompendiumsdogmatik und trockene Exegese, eine langweilige schulgelehrte Erforschung des Bibeltextes. Als *elendes Mönchsgewäsch* bezeichnete er die Predigt von Pastor Aemiga in St. Nikolai.

Die Universität Greifswald war klein. Nach der Visitation um 1755 wurde die Zahl der Professoren auf 15 festgesetzt. Die jährliche Immatrikulationsrate lag bei 30 – 40 Studenten. Von seinem Onkel hatte er ein Empfehlungsschreiben für Prof. Quistorp mitbekommen. Dessen Neffe Gottfried wurde bald sein Freund. Bis an sein Lebensende währte diese Freundschaft.

Die Vorlesungen enttäuschten ihn. Mit seinem vernichtenden Urteil über die Öde der Vorlesungen stand Kosegarten keineswegs allein. Auch für Ernst Moritz Arndt waren die meisten *Kathedermänner kümmerlich geistlos.* Umso mehr fand Kosegarten Entschädigung in der Freundschaft. Täglich traf er sich mit seinen Freunden Hans Franz Gering und Johann Gottfried Quistorp. Sie verband *eine wahre ... Freundschaft, gegründet auf die gleiche Empfindung für Natur und Schönheit, für's Wahre und für's Gute.* Natur und Schönheit wurden für sie zu Schlüsselbegriffen des Daseins.

Kosegarten las seine Gedichte vor. Er wählte aus. Bei Christian Lorenz Struck in Stralsund ließ er seine erste Gedichtsammlung als *Melancholien* drucken. Schon dieser Titel nimmt das Lebensgefühl der Romantik voraus. Der Freund Quistorp zeichnete einfühlsam die Vignetten zur Verzierung dieser Ausgabe. Ein paar Jahre später wurde Quistorp der erste Zeichenlehrer Caspar David Friedrichs. Ihm widmete Kosegarten das Bändchen. Hier konnte unter anderem nun jeder lesen, was er von Greifswald hielt. Er beginnt mit einem siebzehnstrophigen Gedicht an seine Freunde:

*Melancholikon*

*Fern von meinem Vaterlande,*
*Fern vom Ort, der mich gebar;*
*Weilt mein Fuß im fremden Lande,*
*Wo der Meinen keiner war;*
*...*

Und er schloss:

*Schicksal, Schicksal, welche Schlüsse*
*Schleudern mich aus freundem Land*
*Über Berg und Thal und Flüsse*
*Her an diesen öden Strand.*
*Wo gesetzlos handeln Ehre,*
*Wo die Freundschaft Heuchlerlist,*
*Wo Empfindsamkeit Chimäre*
*Und die Liebe Wollust ist.*
...

Dichten wurde ihm immer mehr zum Ventil für seine Gefühle. In Versen versuchte er sich mitzuteilen, um die Einsamkeit zu überwinden. *Was manche aus Ziererei, manche aus Nachahmung sangen, und weil es Modeton ist – das sing ich aus Wahrheit und Gefühl. Das wollte ich, daß mir´s die Welt glaubte ... Einige werden sie (die Gedichte) lesen, und werden sich drin fühlen. Ihr Gefühl zu erwecken war ein Zweck. Ihn erhalten zu haben wird mein Lohn sein.* So seine Anweisung im Vorwort.

Nun, er bekam zu Lebzeiten reichlich Lohn. Von kaum einem Anderen wurden so viele Gedichte vertont. In Berlin kannte man sogar den Redetopos: *Die See, wo Kosegarten wohnt!*

Eine sinnliche Art zu glauben war ihm eigen. Pantheistische Klänge durchzogen seine Gedichte. Gott wurde für ihn in der Natur erkennbar als Schöpfer der Schönheit. Gott ist gut. Gott ist die Liebe. Dieser tragende Grundton seiner Gottesempfindung formte sich schon hier aus.

In den Ferien reiste er immer wieder nach Rostock. Er hatte sich in Sophie, seine Cousine, verliebt. Wieder war es die unerwiderte Liebe, die sein Gefühlsleben beherrschte. Diesmal jedoch vergrub er sich nicht in Todessehnsucht. Er wusste sich zu helfen.

Er begann sich für die schönen Mädchen der Stadt zu interessieren. Die meisten fand er *eitel und kokett*. Einige ausgenommen. Diese lud er ein zu einem Kollegium für junge Mädchen, einer *populären Enzyklopädie aller Wissenschaften.* Dafür schwänzte er gern einige Vorlesungen. Intuitiv erkannte er, Bildung steht auch Frauen zu. Darin war er den späteren Romantikern verwandt. Noch kannte er das Glaubensbekenntnis nicht, das Schleiermacher fast zwei Jahrzehnte später in einem Beitrag für das *Athenäum* einer Frau in den Mund legte: *ich glaube an die Macht des Willens und der Bildung, mich dem Unendlichen wieder zu nähern, mich aus den Fesseln der Missbildung zu erlösen, und mich von den Schranken des Geschlechts unabhängig zu machen.*

Im Spätsommer 1776, unternahm Kosegarten eine Reise auf die Insel Rügen. Damit beginnt die poetische Entdeckung dieser Insel. Die Insel seiner Kinderträume. Mit Hilfe alter Karten hatte er sich immer wieder auf die zerklüftete Insel hingeträumt. Nun bereiste er sie wirklich und bedichtete sie. Seine *Ode über die Stubbenkammer* machte ihn berühmt. Mit 21 Strophen schrieb er sich selbstbewusst ins Sagarder Stammbuch ein, eine Art öffentliches Gästebuch. Von nun an konnte jeder, der Stubbenkammer besuchte, auf dem Rückweg, den man im Allgemeinen über Sagard nahm und sich dabei in dieses Stammbuch einschrieb, auch Kosegartens Gedicht lesen. Jeder konnte sich fragen, ob er die Majestät der Natur auch so erschütternd erlebt hatte.

Hier entdeckte er für sich die schon von Ossian besungene Landschaft wieder. Königsstuhl und Herthasee. Sie beflügelten seine Phantasie, in schauerliche Vorzeiten abzutauchen und Helden heraufzubeschwören.

Caspar David Friedrich, Stubbenkammer, 1803

Kosegarten beschrieb, wie er den Königsstuhl, diesen 118 Meter steil aus dem Meer aufragenden Kreidefelsen, erklomm. Erschüttert von dieser Anstrengung sank er auf die Knie und rühmte *Deutschlands Herrlichkeit:*

*Sey mir gegrüßt im Sonnenstrahl*
*Gegrüßt du kühn erklommner Fels,*
*Gegrüßt, o Königsstuhl!*
*Du meines deutschen Vaterlands*
*Erhabner Markstein, rufe fern*
*Dem Meerbewandler zu!*

*Steh still, du Meerbewandler! Steh*
*Und neig dein Haupt und beug die Knie*
*Vor Deutschlands Herrlichkeit.*
*Denn groß ist Deutschland. Seine Kraft*
*Ist voll wie Meeresflut und wild*
*Wie diese Uferwand.*

Es störte ihn nicht, dass zu dieser Zeit Rügen zu Schwedisch-Pommern gehörte. Er erklärte damit den Königsstuhl zum nationalen Symbol für Deutschlands Größe. Im Königsstuhl erkannte er den *Markstein* seines *deutschen Vaterlandes*.

Das weckte bei Zeitgenossen Begeisterung. Sie konnten nicht ahnen, dass Kosegarten sich später überhaupt nicht nationalistisch vereinnahmen ließ. Die bis heute erhaltene *Majestät der Natur* lockt immer noch viele Menschen an jene Stelle. Hunderttausende besuchen jährlich den Königsstuhl. Wer von diesen Touristen kennt Kosegarten, empfindet ihm nach? Wer weiß noch, dass Kosegarten den Ursprung für den Mythos Rügen lieferte?

Vermutlich hat Caspar David Friedrich diese Verse im Sagarder Stammbuch gelesen. Die Sepiazeichung *Stubbenkammer* von 1803 nimmt das Kosegartensche Gefühl auf und spiegelt in diesem wie in vielen anderen wider, was Kosegarten überschwänglich in Verse fließen ließ. Friedrichs Zeichenlehrer Quistorp, wird ihn gewiss auf seinen Freund Kosegarten aufmerksam gemacht haben.

In jenen Tagen besuchte Kosegarten Bergen und den Rugard, ging über Ralswiek nach Jasmund, schaute über Land und Meer vom Dobberworth bei Sagard und sah *die Wunder der Stubnitz von Stubbenkammer.* Er bedichtete sie. Auch die Gedichte *Der Rugard, Rugard im Sturm, Ralswiek* entstanden hier. Erst später schrieb er das Gedicht *Wonna. Auf Stubbenkammer.* Ein schlichtes Liebesgedicht. Er ritzte den Namen der Geliebten in eine Buche ein.

Auf dieser Reise erfuhr er die Gastfreundschaft vieler Inselbewohner. Er begegnete Präpositus Pistorius in Poseritz und nannte ihn ein *weit umfassendes Genie, stark und frei im Denken, tief in den Wissenschaften nicht minder als im Schönen.* Was für eine Freude, als er in Putbus seinen alten Lehrer Blumenthal wiedertraf, der inzwischen in Lanken Pastor geworden war. Heut ist das Pfarrhaus in Lanken verkauft. Kein Pfarrer mehr am Ort. Mehr als vier Wochen dauerte Kosegartens erster Besuch auf der Insel. Noch wusste er nicht, dass er die besten Jahre seines Lebens hier bleiben würde.

Die Rügenreise endete mit dem Rückruf des Vaters. Die Geldquelle war versiegt. Lebte Kosegarten über seine Verhältnisse? Er verabschiedete sich von seinen Freunden. Sicher war er sich nicht, ob er wiederkommen würde. Diese Rückreise trat er am 23. September zu Fuß an. Für eine Kutsche fehlte das Geld. Ein Freund begleitete ihn eine Wegstrecke. Über Grimmen und Replin erreichte er am 25. September früh Rostock. Hier blieb er acht Tage und hatte Gelegenheit, sich mit seiner Cousine Sophie zu versöhnen. Eifersüchtig war er gewesen, denn diese hatte einen anderen geliebt, der sie allerdings verschmähte. Nun konnte sie nachfühlen, was Kosegarten gelitten hatte. Sie erneuerten ihren Liebesbund.

Wieder zu Hause hatte der Vater das Sagen. Er musste schließlich für die Schulden seines Sohnes aufkommen. Kosegartens Ausgaben hatten im letzten Semester die vorhandenen Mittel erheblich überschritten und das Verhältnis des Sohnes zu Sophie Buddig missfiel dem Vater. Eigenhändig schrieb er an Sophie einen nicht sehr liebenswürdigen Brief. Aus eigener Erfahrung war er der Meinung, dass sich sein Sohn nicht zu früh binden dürfe. Wie sollte er sonst eine gute Stelle bekommen? So endeten Liebesträume. Sie werden die begüterten Familien in der Nähe und Ferne durchgegangen sein. Wer brauchte einen Hauslehrer? Dass eine Stelle auf Rügen frei war, kam Kosegarten sehr entgegen. Von Grevesmühlen schrieb man an den Landvogt von Wolffradt in Bergen. Dieser sagte zu.

Caspar David Friedrich, Ansicht eines Hafens (Greifswalder Hafen), 1807

# 4. Hauslehrerleben 1777 – 1785

## 4.1 Bergen November 1777 – Mai 1778

Kosegarten kehrte nach Greifswald Ende Oktober zurück, packte all sein Hab und Gut in Koffern und Kisten zusammen und räumte sein *dunkles* Zimmer, um am nächsten Morgen mit dem Wagen die Reise anzutreten. Noch gab es den Rügendamm nicht. Wer nach Rügen wollte, setzte mit einem Boot über. Die bevorzugte Stelle befand sich in der Nähe von Stahlbrode. Kosegartens Freunde hatten ihn bis zum Fährhaus begleitet. Hier trennten sie sich. Vom Schiff aus winkte er ihnen zu und sah hinter *schäumenden Wogen die Stadt verschwinden.* Aus der Entfernung bot Greifswald ihm ein versöhnliches Bild.

Ahnte er, dass die kommenden Wochen auf Rügen sein Leben prägen würden? Kein Reisender besucht es! *Wer aber durch Schicksal oder Zufall dahin* (nach Rügen) *verschlagen wird, fühlt sich daran gebannt, und kann schwerlich weg.* Das schrieb er vierzehn Jahre später, als er in Amt und Stellung in Wolgast war. Eine *Fantasie der Natur* öffnete sich ihm mit dieser Insel: *Ungekannt und ungepriesen liegt das liebliche Eiland da ... hier in ländliche Fluren ausgegossen, dort zu der Schöpfung stolzesten Gedanken emporschwellend, zerworfen in Berge, Thäler, Buchten, Felsgestade, Wälder voll Hirschgebrülle, Uferwände, die in hundert Schöpfungsrevoluzionen aufgeschichtet, schroff und schwindelnd über das Meer hinüberhangen. Überall thürmen sich Mahle der Vorwelt ... Düstern* nannte er Rügen hier in seinem ersten Roman *Ewalds Rosenmonde.*

Abends, am 12. November 1777, kam Kosegarten bei der Familie des Landvogts in Bergen an. Wo einst das Haus stand, befindet sich heute die Sparkasse. Welch ein Schauplatz von Freuden und Enttäuschungen. Kosegarten begegnete dem Landvogt als *einem trocknen guten alten Männchen mit leutseligem Blick.* Er hatte den sechzehnjährigen Gustav und die dreizehnjährige Caroline dieser adligen Familie zu unterrichten und fand zwei liebenswürdige, wohlerzogene und von seinen Vorgängern aufs Beste gebildete Kinder vor. Mit höchsten Idealen begann er seine Arbeit. *Mein Geschäft: Seelen der Ewigkeit auszubilden.* Gegen freie Kost und Logis sorgte er für die Bildung der Kinder in Theologie, Geschichte, Philosophie und vor allem auch in der schönen Literatur. Die Familie nahm ihn wohlwollend auf. Ihm wurde ein geräumiges Zimmer im Erdgeschoss zuge-

Thränen
und
Wonnen

von
dem Verfasser der Melancholien.

SINNA und SELIMOR

Stralsund, bey Christian Lorenz Struck.
1778.

Titelkupfer zu Tränen und Wonnen, Stralsund 1778

teilt. Hier unterrichtete er. Kosegarten erinnerte sich in seinem letzten Brief an Goethe vom 11. August 1817 an diese Zeit: *Ich war kaum zwanzig Jahr alt, als ich Rügen sah und besang. So hab ich denn wohl nicht so sehr das wirkliche materielle Rügen besungen, als das Rügen der Idee. Ich habe im Grunde nur das Arkadien besungen, was jeder zwanzigjährige Dichter in seinem Herzen trägt.*

Täglich nach der Arbeit unternahm er ausgedehnte Spaziergänge auf den Rugard, nach Ralswiek, zu den Hünengräbern bei Patzig oder in die Wälder der Granitz. Wieder begleitete ihn Ossian als sein Lieblingsschriftsteller. Er las mit Begeisterung die Gesänge des blinden gälischen Sängers. Heldensagen, die im nebelverhangenen nordischen schottischen Bergland spielten. Sie bildeten das Gegenstück zur klassisch-antiken Tradition und wurden zum Nährboden für die Romantik. Ossian als „Homer des Nordens" prägte fortan auch seine Dichtung. Was hier für das schottische Hochland galt, deutete Kosegarten auf die Insel Rügen um. In seiner späteren Dichtung glühte der Fels *„Timora"* als Fels *„Arkona" im Glanz der tief gesunknen Sonne.* Die neue Gedichtsammlung *Tränen und Wonnen* ließ er im Frühjahr wieder in Stralsund drucken. Stolz verehrte er sie seinen Zöglingen.

War er der Aufgabe des Hauslehrers gewachsen? Er fühlte sich wohl. Ein freundlicher Umgangston bestimmte den Alltag. Caroline war schön. Blondes Haar, blaue Augen. Sie begeisterte sich ebenso für Poesie. Las neben anderen Goethe, Hölty und Claudius. Schrieb sich von ihm seitenfüllende Klopstockgedichte ab. Fing selbst an zu dichten. Es folgten Briefe. Kosegarten schrieb wieder, sammelte sie. Über sechzig kleine voll beschriebene Blätter. Als alle zusammen über Weihnachten bei den Großeltern auf dem Gut Ralow weilten, bemerkte die Mutter die Neigung ihrer Tochter. Sie stellte sie zur Rede und ermahnte sie. Achtung und Zuneigung wären allenfalls erlaubt. Alles andere nicht.

Kosegarten liebte Caroline. Es war ihm ernst. Aber als Hauslehrer war er ein Nichts. Es war absurd, dass eine Adlige einen bürgerlichen Mann heiratete. War ihm das nicht klar? Er bemühte sich um eine feste Anstellung und bewarb sich im Frühjahr 1778 um die freigewordene erste Lehrerstelle am Stralsunder Gymnasium. Umsonst. Ob er mit dieser Stelle eine Chance gehabt hätte, um die Hand einer Caroline von Wolffradt zu bitten? Wir wissen es nicht. Wahrscheinlich nicht.

Zwölf Jahre später wird er diese Geschichte unter dem Pseudonym Tellow als *Ewalds Rosenmonde* veröffentlichen. Aus Gotthard und Caroline

Caspar David Friedrich, Hünengrab im Schnee, 1807

werden *Ewald und Ida. Rosenmonde.* Was für ein schöner Begriff. Sie sind wie ein Tagebuch geschrieben. Kosegarten verheimlichte nichts. Seine literarische Schilderung fesselt heute noch den Leser.

Ich kürze Kosegartens weitschweifige Schilderung ab. Kosegarten beschreibt detailliert, wie die Eltern bemerkten, dass ihre Tochter nicht mehr im eigenen Zimmer schlief. Er musste fliehen. Auch *Ida* bat ihn inständig zu gehen. Sie erschien als die Besonnenere, im Gefühl und Handeln klarer. Sie war es, die abwartete, bis alles schlief und dann zu jenem *Ewald* ins Zimmer schlich. Sich aber nicht dem ersten Rausch hingab, sondern ihn warten ließ - bis beide Erfüllung fanden. Jedoch man hatte sie gehört und einen Brief gefunden. Sie hatten sich angewöhnt, den Briefen, die auch die Mutter lesen wollte, kleine Zettel beizufügen, die nur für die Liebste bzw. den Geliebten bestimmt waren. Niemand sonst sollte sie lesen. Nachdem die Eltern alles entdeckt, alle Briefe, auch die heimlichen, eingefordert hatten, beschwor die Geliebte ihren *Ewald,* das Haus zu verlassen.

Sie schickte die Magd mit einem Brief zu ihm. *Wir sind entdeckt. Wir sind verraten. Verlaß uns liebster Ewald. Glaube mir, daß ich, so viel in der Zerrüttung meiner Seelenkräfte möglich war, alles überdacht und berechnet habe, und dass dir und mir vor der Hand nichts, durchaus nichts übrig bleibt, als deine Entfernung ... Die ewige Liebe beschüzze dich – Adjö! Adjö!* Seine Antwort: *Ich kann dich nicht verlassen.* Prompt kam die Magd mit einem zweiten Brief: *Ich wiederhol' es dir, es ist das einzige Milderungsmittel unseres Zustandes, das einzige Beruhigungsmittel meiner Eltern, und das einzige, das uns Raum giebt, auf eine bessere Zukunft zu hoffen - ... Ich schreib dir unter tödlichen Ängsten – Verloren sind wir, wenn du bleibst- Aber dein bin ich, und werde nie eines anderen sein, wenn du deines Mädchens flehende Bitte erhörst – Ich kann nicht weiter – O leb wol! Leb ewig wol.*

Umgehend musste Kosegarten das Haus der Wolffraths verlassen. Zuflucht fand er bei seinem Freund Blumenthal, der inzwischen in Lanken Pfarrer geworden war. Wieder suchte er Trost in der Natur für seinem Schmerz. *Mehrere Tage verlebte ich hier wieder, und ganz wie auf meine alte Weise – Tag und Nacht umherschwärmend. – Auf meinen unermüdlichen Wanderungen hatte ich ein altes sehr wohl erhaltenes Hünengrab entdeckt ... überschauert vom Getrümmer tausendjähriger Eichen ... Hier versaß ich den halben Tag. Hier barg ich mich vor dem Brande des Mittags. Hier sah ich die Sonne hinter den Bergen niedersinken. Hier lag ich oftmals noch, auf einem der bemoosten Maalsteine der Länge nach hingestreckt in hoher Mit-*

*ternacht ... Meine Kleidung war vom Thau durchnässet, mein Haar flos entlockt um meine Schultern.*

Die Wolffraths hätten die Geschichte am liebsten verschwiegen. Aber unbesonnen plauderte Kosegarten alles einem Dritten gegenüber aus. Der erzählte es bei einem Gelage phantasievoll ausgeschmückt weiter. Der Ruf der Familie war in Gefahr. Der Landvogt wollte Kosegarten nie wieder sehen, nicht einmal zum Abholen seiner Sachen. Für ihn war dieser Hauslehrer nicht ganz richtig im Kopf. Dass er mit der Tochter geschlafen hatte, na ja, das war verzeihlich im Sturm und Drang der Gefühle, aber dass er darüber redete, nicht. *Jedermann verzeiht Ihre Leidenschaft, aber ihre Unbesonnenheit verzeiht niemand* – schrieb er. Moral war eine Sache der Öffentlichkeit, nicht der Ehrlichkeit.

Was ist aus Caroline geworden? Sie heiratete später ihren Vetter Hans Friedrich Karl von Wolffrath, der 1819 als Oberst im preußischen Marienburg starb. Ein Jahr nach Kosegartens Tod. Zwei Kinder hatte sie mit ihm. Sie kehrte zurück nach Bergen, wo sie 1849 mit fünfundachtzig Jahren starb. Hatte Kosegarten ihr nicht gewünscht: *Sei glükselig, und bedarfs der Frieden Deiner Seele, so vergiß auch mein.* Seine *Rosenmonde* beschloss Kosegarten mit dem achtzehnstrophigen Gedicht *Abschied von Ida,* einem Bekenntnis zu seiner unerfüllten Liebe.

*Ich vergeß dich nicht. Dir gleicht auf Erden*
*Dennoch keine, Und kein Mädchen ist*
*Künftig werth von mir geliebt zu werden,*
*Seit ich dich mit Bräut´gams Kuß geküßt.*

Was mag seine Frau gedacht haben, als sie das las? Noch in den *Poesien* von 1798 findet man 17 Trennungs- und Liebesgedichte an Ida. Ob dies seine Frau verstummen ließ? Oder tolerierte sie dies in liebender Geduld?

## 4.2 Boldevitz Mai 1778 – November 1779

Kosegarten wurde zu Herrn Wewetzer, der von der Lankenschen Familie das Gut Boldevitz gepachtet hatte, vermittelt. Heut strahlt das Gut wieder in alter Schönheit. Selbst die hohen Bäume könnten noch erzählen. Die Kapelle ist wieder hergerichtet. Als ich dieses Gelände in den 80er Jahren erkundete, sah ich nur Verfall. Die Kapelle verschlossen und von Brennnesseln umwildert. Der Sozialismus hatte den Kirchen den Kampf angesagt. Die Gutsherren waren gegangen. Nun hat es sich wieder gewendet. Seit dem Jahre 2000 sind auch die alten Tapeten restauriert und in neuer Pracht an den Wänden des Saales zu bewundern.

Kosegarten schrieb in jenem letzten Brief vom Sommer 1818 an Goethe: *Ich habe selbst zwey unvergeßliche Sommer gelebt zu Boldevitz in den Jahren 1778 und 79. Die Güter lagen schon im Concourse. Alles war öd und leer. Das ganze Schloß stand mir zu Gebot, samt dem herrlichen Park und Garten. Hackerts Saal war der Ort, wo ich mich am liebsten verweilte. Im Anschauen seiner Schöpfungen habe ich, damalen zuerst, Homer und Shakespeare gelesen, und bin durch sie von Ossian abgezogen worden, der mich vorher einzig in Besitz genommen hatte. Dort habe ich auch die Ralunken gemacht und mehrere rügische Sagen gedichtet.*

Der Hackertsche Saal. Dieser von Goethe so geschätzte Maler war vor Kosegarten hier. Er sollte das Schloss verschönern zum Musensitz. Und er bemalte meterweise Tapeten. Lauter wunderschöne Landschaften. *Rügische Viten* schwärmte Kosegarten. Immerhin die Felsen der Stubbenkammer sind zu sehen. Das zählte in der Erinnerung am Ende seines Lebens. Die antiken Flusslandschaften und Ruinen verblassten.

In Boldevitz sollte er die sechsjährige Tochter Caroline und den älteren Sohn Erich unterrichten. Mit dem Jungen ritt er viel aus. Es blieb Zeit für eigene Studien. Er las Shakespeare beim Wandern in den Wäldern um Boldevitz und begann die ersten 12 Gesänge der *Odyssee* zu übersetzen. Als Probe ließ er die Übersetzung des vierten Gesanges drucken. Wieder in Stralsund. Es war modern, Homer zu übersetzen. Viele versuchten sich, Bürger, Bodmer, Stolberg. Vossens Übersetzung vollendete das Ganze 1781. Kosegarten urteilte später, dass seine Übersetzung *wärmer sei als die Vossische, wenn auch vielleicht minder treu.*

In diesen anderthalb Jahren predigte Kosegarten viermal. Zuletzt in Kasnevitz. Das sollte bedeutsam für sein persönliches Leben werden. Im Herbst wurde ihm Hoffnung auf eine Stelle in Mecklenburg gemacht.

So entschloss er sich Rügen zu verlassen. Die ihm so lieb gewordene Insel war ihm durch die Trennung von Caroline vorerst verleidet.

### 4.3 Zansebur November 1779 – Februar 1781

Er bekam die Anstellung nicht. Also versuchte er sich wieder als Hauslehrer. Diesmal bei Herrn von Kantzow auf Zansebur, einem Gut zwischen Stralsund und Barth. Von seiner Arbeit in dieser Zeit ist wenig bekannt. Wir wissen nicht, wen er unterrichtete. Neben verschiedensten Gedichten entstand hier auch das erzählende Gedicht *Das Fräulein von Garmin.* Es nimmt die rügensche Sage vom Tod eines unglücklichen Mädchens auf. Kosegarten kam von Rügen nicht los. Wieder inspirierte ihn eine Liebe zum Dichten. Dorothea Hagenow. Sie war 17 Jahre alt, als sie Kosegarten begegnete. Kosegarten predigte, Dorothea saß in der Kirche. Er begrüßte sie am Ende des Gottesdienstes. Schon am nächsten Tag sah er sie wieder im Haus ihrer Eltern in Lassentin. Er kam immer öfter ihretwegen.

Am 3. Mai küssten sie sich beim Abschied. Am 9. Mai gestanden sie sich ihre Liebe. Am 24. Mai besuchte er sie wieder, nachdem er über Pfingsten auf Rügen in Kasnevitz weilte. Anfang Juli schrieb er auf einer erneuten Reise nach Rügen von Stubbenkammer aus der Geliebten ein paar Zeilen und schnitt ihren Namen in die Rinde einer Buche. Die Schriftzüge in der Buche haben sich verwachsen, sind mit ihr vielleicht ins Meer gestürzt. Aber die Gedichte an sie, 33 winzig kleine Blättchen, gesammelt, mit einem roten Bändchen verschnürt zu einem Päckchen, das gerade die Fläche einer Hand ausfüllt, haben sich erhalten. Ich saß davor in der Universitätsbibliothek in Greifswald und es befiel mich eine Scheu, die kleinen Blätter zu entfalten und zu entziffern, als beginge ich eine unerlaubte Indiskretion.

Etwa 100 unveröffentlichte Briefe habe ich noch in den verschiedensten Archiven aufspüren können. Aber am meisten berührten mich diese Gedichte. Beide liebten sich wirklich. Sie vertrauten sich der Mutter an. Von nun an sah Kosegarten in Dorothea seine Braut. Er schenkte ihr einen Ring mit einem hellblau leuchtenden Stein, einem Vergissmeinnichtdiamanten. Auch der sollte im Archiv der Universitätsbibliothek Greifswald liegen. Ich bekam ihn nicht zu Gesicht. Wieder erfüllten sich seine Hoffnungen nicht.

*Anfang hat die Liebe wohl:*
*Enden Liebe nimmer soll.*

Das Band der Liebe zerriss jäh, als Kosegarten beim Vater um die Tochter warb. Ein Schwiegersohn ohne Aussicht auf Anstellung war nicht annehmbar. Um Dorothea sofort räumlich von ihrem Geliebten zu trennen, brachte man sie auf das Nebengut Todenhagen. Dort sollte die ältere Schwester jede Zusammenkunft der Liebenden verhindern. Alle Geschenke musste Dorothea zurückgeben. Nur von dem Ring und den Gedichten trennte sie sich nicht. Deshalb sind sie heute noch zu besichtigen.

Halb gezwungen heiratete die neunzehnjährige Dorothea 1783 den vierzigjährigen Pastor Otto, der fünf Jahre zuvor seine Frau verloren hatte. Franck charakterisiert ihn als *einen guten, achtbaren, aber sehr häßlichen und sehr prosaischen Mann*. Also das ganze Gegenteil zu Kosegarten. Von den acht Kindern, die sie gebar, blieben nur zwei am Leben. Ihr Mann starb an den Misshandlungen durch die Franzosen bei der Besetzung 1807. Um ihrer Tochter zu helfen, wandte sich Dorothea im Alter noch einmal an den Freund ihrer Jugend. Sie bat Kosegarten, sich für ihren künftigen Schwiegersohn einzusetzen, damit er eine Pfarrstelle bekäme. Er antwortet am 26. April 1812:

*Verehrteste, teuerste Freundin! ... Ihr Zutrauen rührt mich innigst. Nie habe ich Sie vergessen. Nie werde ich die schönen Sommernächte vergessen im Garten zu Lassentin, nie die elysischen Tage meiner Jugend. Wenn späterhin unser Verhältnis sich änderte, so ist die Schuld nicht Ihre. Sie liegt ganz in meiner damaligen störrigen, ungenügsamen, leidenschaftlichen Denk- und Empfindungsweise. Gewiß, wenn eins von uns dem andern etwas zu verzeihen hat, so bin wenigstens ich nicht dieser eine. Doch ein Menschenleben liegt zwischen dem Dazumalen und dem Heute. Ich breche ab von dem, was längst vergangen ist, und wende mich zu der Angelegenheit, wovon sie mir schrieben ...*

Kosegarten hielt Wort und setzte sich ein. Dorotheas Schwiegersohn erhielt 1813 die Stelle in Neuenkirchen bei Greifswald. Auch Dorothea lebte nun in Greifswald und wurde 81 Jahre alt. Von einem weiteren freundschaftlichen Kontakt zu Kosegarten ist nichts bekannt. Begegnete sie später der Witwe Kosegartens? Dorothea blieb die zweite Hälfte ihres Lebens allein. Katharina überlebte Kosegarten um ein Vierteljahrhundert. Zeit hätten sie viel gehabt. Kosegarten blieb nicht in Zansebur.

## 4.4 Reez März – September 1781

Mitte März übernahm er in der Heimat eine neue Hauslehrerstelle bei Herrn von Flatow auf Reez. Das Gut lag an der Warnow zwischen Rostock und Bützow. Er hatte dort den Sohn und die vier Töchter der Familie zu unterrichten. Täglich vier Stunden, vormittags von 10 bis 12 Uhr und nachmittags von 15 bis 17 Uhr. Da blieb ihm viel Zeit für Eigenes. Er schrieb weiter an der Geschichte seiner unglücklichen Liebe zu Caroline von Wolffrath, die er schon in Boldevitz begonnen hatte.

Außerdem musste er sich intensiv auf das theologische Examen vorbereiten, das er im Juli in Greifswald vor dem Generalsuperintendenten Quistorp und dem geistlichen Ministerium *mit Beifall* bestand.

Seine Versuche, an der Universität Bützow mit Vorlesungen über griechische Literatur und schöne Wissenschaften sich eine eigene Existenzgrundlage zu sichern, wurden von Herzog Friedrich dem Frommen, dem Schirmherren der Universität, abgelehnt. Als Anhänger des Pietismus war er schon dem Vater Kosegartens nicht wohl gesonnen. So begab sich Kosegarten wieder nach Rügen.

## 4.5 Götemitz 1782 – 1785

Er nahm eine Hauslehrerstelle bei der Familie von Kathen in Götemitz an. Damit kam er in ein weltoffenes Haus mit großem Freundeskreis. Die Kathens waren verwandt mit der Familie von Platen in Ganskevitz, befreundet mit den Schmitterlöws in Datzow und den Platens von Warksow. Auf den Tod der Charlotte von Platen hatte Kosegarten im März 1782 ein Gedicht verfasst. Das steigerte seine Beliebtheit. Zum Freundeskreis gehörte auch Herr Wewetzer, in dessen Haus Kosegarten vor zwei Jahren als Hauslehrer wirkte. Auf seinem von der Stadt Stralsund gepachteten Gut Mellnitz fand Kosegarten seinen Musensitz zum Dichten. Hier konnte er allein sein. Niemand störte ihn. Heute wird das alte Gutshaus, das nur schwerlich als solches noch erkennbar ist, privat auf- und ausgebaut. Ein großer Garten umgibt das Haus.

Ihm waren die drei Söhne der Familie anvertraut, Karl, Ernst und Gottlieb. Kosegarten fühlte sich hier wohl. Seine Dichtungen spiegeln das wieder. Er trat in Kontakt zu weiteren Verlegern. Im Stadtarchiv Stralsund fand ich seinen Brief vom 27. 6. 1782 an den Buchverleger Reich in Berlin.

Er bot ihm seine Übersetzung der *Heloise* von Rousseau an, da die vorhandene Übersetzung seinen ästhetischen Ansprüchen nicht genügte.

Dabei kritisierte er den Übersetzer hart: *Mit einem Wort, die äußere grobe Form hat er wol gepackt: Für jene innere aber, die sich nicht mit Händen greifen lässt, die doch alle Wege des Lebens und die Seele des Buchs ausmacht, hat er keinen Sinn gehabt.* Kosegarten versprach, es besser zu machen und dazu seine Kommentare zu liefern als *ästhetische, psychologische und moralische Anmerkungen.* Dies wollte er nicht allein bewerkstelligen. Er hatte Beistand in einem Mann, *den Deutschland als einen seiner spekulativsten Köpfe kennt und ehrt.* Wer mag das gewesen sein? Pokerte er hier?

Das Projekt kam nicht zu Stande. Außer dass er für Rousseau begeistert war, hat ihn sicher die tragische Liebesgeschichte von Heloise und Abelard fasziniert. Was damals im Mittelalter geschah, erlebte er doch selbst in milderer Form auf Rügen. Nur wurde Kosegarten nicht kastriert wie Abelard und seine Geliebte bekam kein Kind und wurde nicht ins Kloster gesperrt. Die gab es nicht mehr für Protestanten. Deshalb mussten die Frauen nach einem sogenannten Fehltritt sofort verheiratet werden. Der Mann blieb unangetastet.

In dem Brief erfahren wir auch, dass Kosegarten schon vor einigen Monaten den ersten Teil eines kleinen Romans: *Reinhard und Julie* an den Verleger geschickt hatte. Davon findet sich in seinem literarischen Nachlass keine Spur.

Für seine geistige Entwicklung bekam Kosegarten hier in Götemitz viel Anregung. Die Prediger im Süden von Rügen bildeten eine Lesegesellschaft. Bücher waren teuer. Nicht jeder konnte sie sich leisten. So schaffte man gemeinsam das Neueste aus der schönen Literatur an und las es der Reihe nach oder traf sich zum Lesen und besprach es. Die Hauslehrer nahmen selbstverständlich an den Zusammenkünften teil.

Über Hagemeister, den Hauslehrer der Familie Arndt, lernte Kosegarten auch den zehn Jahre jüngeren Ernst Moritz kennen. Der Vater Arndts, inzwischen Pächter, hatte als Sohn eines Schäfers und selbst erst Freigelassener des Grafen die Leibeigenschaft noch am eigenen Leib gespürt. Arndt beschrieb später diese Zeit in seinen Erinnerungen: Es war *wirklich eine poetische Epoche, wo das liebe alte Deutschland nach einem langen matten Traume wieder zu einem eigentümlichen litterarischen und poetischen Dasein erwachte; und es war das Schöne darin, daß die Zeitgenossen vielmehr ... daran teil nahmen. Dies war nicht bloß bei den Studierten und Gebildeteren der Fall, sondern auch bei den Einfältigen und Ungelehrten, wie z.B. bei meinen Eltern und ihresgleichen Leuten. Schon war man über den Grandison und die Pamela, über Gellerts schwedische Gräfin und Millers Siegwart zu Werthers Leiden, zu Wielands und Eschenburgs übersetztem Shakespeare fortgeschritten, und Lessing, Claudius, Bürger, Stollberg wurden von alt und jung mit Jubel begrüßt. Das Leben wehte frisch anhauchend aus der Luft der Zeit und ward nicht bloß von himmelstürmenden Jünglingen, wie Kosegarten und Hagemeister, in unser Haus hineingeblasen.*

Himmelstürmend. Den Himmel auf die Erde holen. So sah Arndt den zehn Jahre älteren Kosegarten, der von Jugend auf die Gabe besaß, das Leben zu verklären. Er wollte das Schöne im Leben sehen. Sehnsucht nach Leben. Das prägte auch seine theologische Erkenntnis. In den *Sprüchen Jehovas,* einer poetischen Bearbeitung der 10 Gebote, formulierte er sein Gottesbild. Da heißt es zum 1.Gebot: *Ich bin schön vor allem, was schön ist im Himmel und auf Erden* und *erkennen magst du ihn* (Gott) *wohl aus dem Buch der Natur und aus dem Mund der Seher.* Das Buch der Natur. Aufgeschlagen lag es vor ihm. Sinnbild für das Göttliche.

Zum Predigen fand sich häufig Gelegenheit. Pastor Linde in Kasnevitz freute sich sehr, wenn er ihn sonntags, besonders in Festzeiten, vertrat. Von Götemitz dauerte der Ritt wohl eine Stunde. Auf heutigen Karten ist der Ort kaum noch eingezeichnet. Eine holprige Straße und ein Plattenweg führen zum Gutshaus und nur Reste des Parks erinnern noch an Vergangenes. Das Gutshaus sieht heruntergewohnt und verwahrlost aus. Der weite Blick nach Südosten geht über die Felder. Man mag sich vorstellen, dass Kosegarten von hier querfeldein nach Kasnevitz ritt.

In den Jahren 1783-85 vertrat Kosegarten an allen Festtagen Pastor Linde, Karfreitag, Ostern, Pfingsten und Weihnachten und an vielen Sonntagen zwischendurch. Seit seinem Desaster in Bergen fand er in diesem Pfarrhaus Zuflucht. Schon bei seinem ersten Besuch begegnete ihm Katharina. Sie war 18 Jahre alt, drei Jahre jünger als er. Sie führte ihn durchs Dorf und zeigte ihm die Kirche und den schönen Garten.

Auch Kasnevitz hat längst keinen Pfarrer mehr. Die Kirche steht noch. Verschlossen. Den Schlüssel kann man sich im Pfarrhaus holen. Im ehemaligen. Es ist verkauft. Den schönen Garten gibt es wieder. Liebevoll gepflegt. Hinter der Kirche fällt über den Friedhof das Gelände leicht ab. Ich suchte nach Resten der Mauer, auf der die Jugendlichen damals saßen, scherzten und in die sinkende Sonne schauten. Die Mauer ließ sich finden. Steine. Noch ist das weite Feld nicht zugebaut.

Sicher zog ihn das Pfarrhaus mit den drei Mädchen an. Auch dieser Pfarrer hatte die Stelle nur durch die Heirat der Tochter seines Vorgängers, Dorothea Helena, geb. Salchow, erhalten. Sie starb 1762, nachdem sie drei Kinder geboren hatte. Die nächste Ehe mit Sophia Thüring soll keine Idylle gewesen sein. Kosegarten erlebte nicht nur einmal, wie die Pfarrfrau ihre Laune an der Tischgesellschaft entlud, so dass er vorzog, *lieber Kartoffeln in Montur, gewürzt mit einem herzlichen Blick, als Baumkuchen unter solchen Gesichten* zu essen.

Er beschrieb diese Zeit ausführlich in *Hainings Briefen an Emma*. Es sind wortwörtlich seine Briefe an die jüngste Tochter Katharina Linde, die er 1786 heiratete. Selbst seine Predigtvorbereitung schilderte er darin lebhaft.

*Und nun – Feder her! Dinte her! Papier her! – straks! Flugs! Im Hui – damit ich an die Arbeit komme. - Aber da war Holland in Noth. Da musste die Dinte erst zusammengeschlüpert, die Schere unter dem Betten gesucht, Treuer (der Küster) erst um ein paar Federn zu meinem Gebrauch angesprochen werden ... Ich stand im großen Saal, wo du die Nächte geschlafen hattest und in der 4. von dem hochadlichen Ehepaar verdrängt wurdest – diese Edelleute sind einem doch nur immer im Wege – da standen wir ... und schauten in Gottes blaue Schöpfung hinunter.*

*Mittlerweile kamen die Siebensachen. Nun nahm ich Bibel und Gesangbuch (Sonn und Mond, Mann und Frau) und schloß mich in mein Kämmerlein, und goß meine Predigt aus, herzvoll, warm, lauter und klar – über den reichen Mann, der den armen Lazarus und im Eingang über Hebr, XIII,14: Wir haben hier keine bleibende Statt, aber die zukünftige suchen wir. - ... Zwar hat ich hier nicht Zeit, lange zu wägen und zu wählen. Sondern, wies kam, so stands! Ward auch kein zierlicher mit Bleiwaage und Bleischnur abgezirkelter Garten – sondern eine Wildnis Gottes, Baum, Busch ...*

Ein Hauslehrer musste dienen und ließ sich bedienen. Selbstverständlich wurden ihm sogar die Schreibsachen gebracht. Kosegarten verwunderte sich über den fehlenden Service im Pfarrhause. Hatte sich die schriftliche Predigtvorbereitung im Laufe der langen Amtsjahre hier erübrigt? Zum Lesen gab er aber seine Predigten nicht weiter. Sie waren zu geschmiert. Unleserlich für Katharina, die darum bat. Eben auch auf dem Papier *eine Wildnis, Baum, Busch*. Kosegartens Predigten handeln nicht nur von der Natur, sie sind offenbar auch Natur. Andererseits war er von sich so überzeugt, dass er seinen Gedanken freien Lauf ließ, um sie dann von der Kanzel zu verkünden. Damit zog er seine Zuhörer in Bann. Es mögen bewegte Gottesdienste gewesen sein. Er predigte viel. Nicht nur in Kasnevitz.

In der Pfarrbibliothek in Gingst entdeckte ich eine gedruckte Predigt Kosegartens aus dieser Zeit. Fünfunddreißig Seiten zähle ich. Fünf Seiten Widmung. Drei wunderschöne Vignetten verzieren die Schrift. Gehalten zwei Sonntage nach Pfingsten 1785 in der Nikolaikirche zu Stralsund. Wer hat ihn von Götemitz nach Stralsund empfohlen? Sein Gönner, Herr Wewetzer? Zu predigen über die Grundgesetze der zukünftigen Welt?

*Gibt es eine zukünftige Welt? - Wie sollte es keine geben? - Unser Herz sehnt sich nach Ewigkeit.* Er legte das Gleichnis vom reichen Mann und armen Lazarus aus (Lk 16,19-31). Darüber hatte er ja schon in Kasnevitz sich ausgelassen. Und nun appellierte er an das Leben hier. *Wir werden dorten gerade diejenigen sein, die wir hienieden gewesen sind ... Was der Mensch säet, das wird er ernten! ... Jede Tat ist Mutter ewiger Folgen ... Keine unserer Handlungen ist gleichgültig.*

Mit Bedacht widmete er diese Predigt den adligen Frauen von Rügen, u.a. Frau von Platen auf Ganschvitz und Frau von Kathen auf Götemitz. In dieser Widmung schwört er Rügen die Treue: *aber, und in welche Ferne auch mein Verhängnis mich noch führen mag - lebenslang und unaufhörlich werde ich mit unverletzlicher Anhänglichkeit verharren.* Wollte er auf Rügen bleiben?

Die meisten Briefe von der Insel Rügen schrieb er an eine Frau, die seine Frau werden sollte. Es war nicht Liebe auf den ersten Blick. Kosegarten war jedem schönen Mädchen zugetan. Im Pfarrhaus von Kasnevitz fand er gleich drei vor. Zuerst tändelte er mehr mit der älteren Schwester Sophie. Aber als Katharina nach dem Tod ihrer Stiefmutter 1783 zu ihrem Onkel auf das Gut Klein Kiessow bei Züssow zog, schrieb er ihr häufig. Niemand überwachte diesmal die Korrespondenz. Aus Freundesbriefen wurden Liebesbriefe. Katharina entsprach wohl am ehesten den Merkmalen, die damals für eine Pfarrfrau empfohlen wurden. Es gab bis ins Detail gehende Ratgeber für heiratswillige Männer. Ich zitiere daraus: *Wählen sie durchaus kein Mädchen aus der Stadt, denn die Landpfarrfrau muß all ihre Vergnügungen, Erwartungen, Beschäftigungen, die sie in der Stadt gewohnt war, aufgeben.* Dementsprechend wählte Kosegarten eine Pfarrerstochter vom Lande. Hatte er vor, Nachfolger auf dieser Stelle zu werden?

Beide hoben die Briefe auf. Kosegarten gab seine 1791 als *Hainings Briefe an Emma* heraus. Er erläuterte im Vorwort, dass er manches zusammengestrichen, aber gewiss nichts hinzugefügt habe. So erfahren wir viel aus seiner Sicht über diese Zeit auf Rügen. Und ihre Briefe? Was schrieb Katharina ihm?

Wir erfahren es nicht. Kosegarten ließ alle ihre Briefe in der Schublade verschwinden, weil er sie zu *blöd und schüchtern* fand und enthielt sie dem Publikum vor. Wobei *blöd* im damaligen Wortgebrauch ein Synonym für einfältig war. Schade, ich hätte sie gern gelesen. Denn seine Briefe weisen auf ein Gegenüber, das an seinem Leben Anteil nahm und ihm durchaus geistig gewachsen war. Kosegarten erzählte, was er in Kasnevitz tagtäglich erlebte. Er ließ sie auch teilhaben an dem, was er las und studierte. Seine Gedichte schickte er zuerst ihr. Selbst auf ihre Gewohnheiten wollte er Einfluss nehmen. Oder war er von seiner Übersetzung von Miltons *Hymne an den Morgen* so inspiriert, dass er ihr empfahl, früh aufzustehen? *Ich gebiete Dir, des Sommers um fünf und des Winters spätestens um sieben Uhr aufzustehen. So magst Du Sommers abends um elf, und Winters gegen zwölf Uhr schlafen gehen. Solches wird Dir frisches Blut und frische Farbe und einen Schatz von Zeit verschaffen, mit dem Du wuchern kannst auf die Ewigkeit.*

Ausgenutzt haben sie ihr Schreibpapier bis auf den letzten Rand. Kosegarten konnte sehr klein schreiben. Davon zeugen noch die Gedichte an Dorothea Hagenow. Aber auch sehr groß und flüchtig. Es kam auf sein Gegenüber und seine Stimmung an. Katharina ermunterte er: *Schreibe nur immer so fein ordentlich alle vier Seiten voll, und Postskripte überall, wo nur noch ein Räumchen übrig ist. Auch darfst Du nicht fürchten, dass ein anderes ... Auge über Deine Briefe kommt.* Das hielt er ein. Die Frau galt es, unsichtbar und geräuschlos zu halten.

Er suchte ihr Bücher aus, die sie lesen sollte, denn vor der städtischen Lesegesellschaft konnte er sie nur warnen. So schwärmte er für Rousseau und Herder, berichtete von Kants Vernunftkritik und Platos Dialogen. Das Werk *der edelsten weisesten Frau unseres Vaterlandes, Sophie La Roches „Rosalins Briefe“* hielt er für wert, dass jede Tochter Deutschlands es lese, auch ihre Wochenschrift *Pomona* pries er. Er empfahl ihr u. a. Pestalozzis *Lienhard und Gertrud* zu lesen.

Denn in der Seele seiner Braut wollte er den *Abglanz von Gottes Urschönheit* und seiner *unerreichbaren Güte* finden, so im Brief vom 16. Januar 1785. Damit klang schon das Thema seiner ersten Dissertation an. *Immer lichter müsse dieser Widerschein, immer sichtbarer diese Spur des Urschönen in deiner Seele werden; so werd' ich Dich immer herzlicher lieben.* Im Mai des Vorjahres hatte er ihr seine Liebe gestanden. *Ich kann ohne falsch zu sein, nicht mehr im stillen Freundeston mit Dir reden. Du musst mir entweder alles sein, oder nichts.* Sie ging darauf ein und antwortete: *Ja, ich bin ganz die Deine.* So Kosegartens Darstellung.

Um zu heiraten, brauchte er eine feste Anstellung.Er bewarb sich um die Garnisonspredigerstelle in Stralsund. Vergeblich. Am 23. März 1885 starb Pastor Linde unerwartet im 61. Lebensjahr. Kosegarten hielt die Trauerrede und würdigte ihn liebevoll als evangelischen Prediger. Auch diese Rede finden wir im Anhang von *Hainings Briefen* abgedruckt.

Kosegarten bewarb sich beim Grafen zu Putbus um diese Pfarrstelle. Umsonst. Der Graf zog einen anderen vor. Enttäuscht reiste er wieder nach Hause. Sein Vater ermutigte ihn, erneut in Mecklenburg nach einer Anstellung zu suchen, denn nach dem Tod von Herzog Friedrich, mit dem der Vater im Streit lag, dürfte es keinen Hinderungsgrund mehr geben. Aber der Sohn hatte sich schon selbst gekümmert. Er erhielt die freigewordene Rektorenstelle an der Stadtschule in Wolgast.

Kosegarten mochte diese Stelle nicht ohne Doktortitel antreten, weil er seinen beiden Kollegen in diesem Punkt nicht nachstehen wollte. In der Universitätsbibliothek Rostock liegen heute noch zwei Schreiben nach Bützow von ihm. Er bat den Hofrat um Nachricht, wie er im *kürzesten und wohlfeilsten* zu jener Würde gelangen könne. In Greifswald wäre dies *eine sehr geld- und zeitspielige Sache.* Fast zwei Monate später am 17. Oktober 1788 schrieb er, gerade nach Wolgast umgezogen, an den Professor in Bützow und bot ihm seine Abhandlung *Über das wesentliche Schön* an. Vorsorglich bestellte er schon mal 50 Exemplare seines Diploms, wobei der sich die Hälfte *auf besserem Papier* ausbat.

In seinem Reisetagebuch *Schatten abgeschiedener Stunden* stellte er es so dar, als sei diese Abhandlung das Ergebnis eines Streitgespräches mit seinem Freund Reinhold. Beide Schriften gab er im 1. Band seiner *Rhapsodien* 1790 heraus. Für die Universität Bützow übersetze er das Ganze ins Lateinische und bekam so mit geringst möglichem Aufwand seinen Doktortitel. *De pulcro essentientiali: ex placitis veterum. Commentatio - philosophico - aestetica. Über das Wesen des Schönen: Aus den Zeugnissen der Alten. Ein philosophisch - ästhetischer Kommentar.* Kosegarten war und blieb ein Ästhet. Schönheit war für ihn – frei nach Plato - das Göttliche in der Natur. Er bezieht sich darin auf drei Werke von Plato, worin dieser ganz eigentlich von der Schönheit redet, im *Hippias*, im *Gastmahl, und* im *Phädrus.* Er zweifelt nicht, dass für Plato das höchste Schön *nichts anderes gewesen, als das höchste Wesen; und alles sonst etwas durch die Natur ausgegossene Schöne – Funke, seiner Flamm' entstoben! Tropfe, seinem Meer entträufelt! Spiegel seines Angesichts, Fingerzeig, der uns zurückweist und hindeutet auf Ihn, den Wunderschönen.*

Leider kommt Kosegarten hier von einem philosophisch klaren Gedanken in eine unklare Poesie. Für ihn wird Schönheit zum Göttlichen in der Natur. Harmonie und Leben sind die Grundmuster dafür. *Leben-*

*dige Harmonie ist das Urprinzip der Schönheit.* Liegt hier nicht schon der Ansatz dafür, Religion in Ästhetik münden zu lassen? So gesehen ist diese Schrift eine Frühform der romantischen Ästhetik. Gefühlsmäßig erfährt der Gottesbegriff hier eine unendliche Ausdehnung. Die konfessionellen Unterschiede treten zurück. In Kosegartens später auf Rügen verfassten Arkona-Gedicht fragt der durch die Allgewalt der Natur erschütterte Mensch:

*O du, wie nenn ich dich, dem alle Adern wallen,*
*Und alle Herzen glühn und alle Zungen lallen ...*
*Zeus, Tien, Manitu, Allfader, Brama, Foh,*
*Jehova, Allah, O!*

Alle Gottesnamen verschmelzen endlich im *Allliebenden.* Auch die Flucht aus der Gelehrtenstube in die freie unbegrenzte Natur und die Sehnsucht nach der Unendlichkeit verbinden ihn mit den Romantikern. Vorerst hatte der Romantiker Rügen verlassen.

Nach fünf Jahren Dienst als Hauslehrer trat er nun als Lehrer in den Schuldienst ein. Gegen den Titel eines Rektors empfand er eine *beinahe lächerliche Antipathie.* So kam ihm die Ernennung zum Doktor der Philosophie und der freien Künste durch die Universität Bützow nur recht. Wenn er später schrieb, dass er sich diese Titel *weder erkauft, noch erschlichen, sondern durch emsige Arbeit in Kunst und Wissenschaft redlich erstritten habe,* kann ich nur sagen, gewusst wie.

Franck erwähnt, dass er am 2. Juli schon in Wolgast gepredigt hatte und einstimmig angenommen wurde. Durch Pastor Droysen in Altefähr, dessen Bruder Archidiakon in Wolgast war, erfuhr Kosegarten die freudige Nachricht. Er schrieb sofort an Katharina: *Ich muß Dir bekennen, meine Herzvertraute, dass diese Botschaft mir doch fast ein wenig zu rasch und zu unvorbereitet gekommen ist ... Die Arbeitsseligkeit meines künftigen Amtes, die Schwere und Menge der Pflichten, die auf meinen Schultern lasten werden, die Vereitelung meines Lieblingswunsches, in irgend einem schönen Naturfleck ein stiller Dorfprediger zu werden – Wolgasts Fremdheit ... alles dies vereinigte sich ohne Zweifel, um jene dumpfe Stimmung in mir hervorzubringen.*

Depressionen waren ihm offensichtlich nicht fremd. Aber er fing sich durch die Stimme der Vernunft sehr schnell und sah, dass ihm mit ihr, seiner Geliebten, *ein Himmel voll Erholung und Genusses sich öffne.* Seiner Verlobten Katharina widmete er seine *Herbstgefühle*. In diesem Gedicht bedauerte er, dass seine Mutter die Braut nicht kennen lernen konnte. Er schwärmte von einer *Jukunde,* die längst schon starb und ihn nun aus der Ewigkeit ermutigt mit Katharina (*Rina*) zu leben. Sie flüsterte:

*Nur Kleinmuth stöhnt ...*
*Bis wohlgemuth!*
*Viel Tröstung harret*
*an deiner Rina Busen dein!*

Und er stimmte zu:

*Mit dir will ich mein Leben leben*
*in Tugend und in Edelthat.*
*... und wenn mein Blüthenleben welket,*
*wenn meiner Kräfte Born versiegt –*
*so wein und lächl und dulde, Theure,*
*bis Tod auch dich in Schlummer wiegt.*

Das war die Sprache seiner Zeit.

## 5. Rektor an der Stadtschule in Wolgast 1785 – 1792

Vorerst zog Kosegarten allein nach Wolgast. Er kannte die Stadt von seiner Studentenzeit. Im Sommer 1777 hatte er schon dort gepredigt. Der Eindruck, den die Stadt nun auf ihn machte, war nicht ermutigend. Folgen wir seiner Schilderung: *Dieses Wolgast ist nach dem ersten Ansehen nach ein ziemlich abholder, abschreckender Ort. Er ist klein und eng. Die Gassen sind krumm und höckerig und die Häuser innerhalb der Ringmauern regellos aneinander gekleckst.* Er berichtete Katharina weiter von seinen Erlebnissen. *Die schönste Partie der Stadt sind die alten Schloßruinen. Dieses Schloß, das im vierzehnten Jahrhundert erbaut ward ... ist Anfang dieses Jahrhunderts von den zerstörungsseligen Russen ... in Schutt geschossen worden.*

*Heute Abend nach dem Sonnenuntergang ging ich hin. Mählich stieg der Vollmond höher und beleuchtete die grausigen Trümmer. - Jetzt ging ich hin, sie zu sehen. Über einen mächtigen Brückenbogen gelangte ich durch ein noch übriges Thor ins Innere des Burgringes. Da that das Reich der Verwüstung sich vor mir auf, weit und grässlich – sinkende Mauern, taumelnde Pfeiler, berstende Bögen, gähnende Gruftgewölbe, Gemäuer, umrankt von Wintergrün, Schutt und Graus, überkleidet vom beerenreichen Holunder. – Mich schauerte leise. Nickende Schatten, deuchte mich, säßen auf Schutthaufen. Gebilde alter Zeiten ...* – Er ging näher, stieg eine Treppe empor, die ins Nichts führte, musste wieder hinab und lauschte in die Stille der verfallenden Kreuzgewölbe.

Hier konnte er seiner Melancholie freien Lauf lassen. Diesen Ort ließ er für sich zur *Heimat der Melancholie* werden. Mit seiner Vorliebe für einsame Plätze, die einen erschauern lassen, prägt er das Gefühl der kommenden Romantiker. Die Klosterruine Eldena wird zu einem Hauptmotiv in Caspar David Friedrichs Werk. Durch das sichtbar Verfallene schaut er das Ewige und bringt damit die schauerromantische Melancholie Kosegartens auf eine andere Ebene.

Kosegarten nutzte die ersten Tage in Wolgast, die Gegend zu erkunden. *Eine halbe Stunde von der Stadt liegt der Zisaberg,* schrieb er Katharina, *das Belvedere der Wolgaster. Ein ziemlich kümmerliches Belvedere! Ein Maulwurfshügel eigentlich ... Im Osten liegt die Insel Usedom. Nordwärts türmen sich Rügens Küsten im blauen Dufte. Sonne und Mond steigen und sinken zu sehen von des Hügels moosbehaarter Stirne, muß einem wohl thun, und ohne Zweifel wird dieser Zisaberg das Ziel mancher meiner Wanderungen werden.*

Nach acht Tagen trafen seine Sachen ein und er bezog sein Haus, ein Reihenhaus am Kirchhof gegenüber der großen Kirche. Er beschrieb es bis ins Detail. *Innwendig ist das Häuschen ... bequem und artig. Unten sind zwei hübsche Zimmer und oben ebenso hübsche, nebst Küche, Keller und Hausboden, welche mich nicht kümmern. Auf der kleineren Stube nach hinten hinaus habe ich mich angesiedelt. Hier habe ich meinen Reichtum von Möbeln ausgekramt, habe meine Bücher in Schlachtordnung gestellt, mein Bett aufgeschlagen, meinen Tisch hingepflanzt und mein Schreibpult errichtet.* Ein Geschenk der Frau von Kathen. *Dieses Pult, an dem ich sitze und Dir schreibe ... steht in einer Art von Kabinett im Hintergrund des Zimmers, welches durch einen hölzernen Verschlag von dem Schlafkoven getrennt wird ...*

*Auch einen Garten hab ich ... - drei Klafter in die Breite, und in die Länge drei und einen halben. Es steht eine Menge Schwulstkraut und Miere darin, ein paar mächtige Sanddisteln, etwas Wolfsmilch, einige verdorrte Lilienstengel und ein verwaister Rosenbusch. Eine Rebe ist an einem Gepfähle hingezogen, die freilich keine Trauben trägt, aber doch schöne breite Blätter. Dies ist mein Garten – freilich kein Götemitzer oder Kasnevitzer; aber es ist doch immer ein Garten, und als einen Garten will ich ihn hegen und pflegen. Schon hab ich meiner Fieke (das ist die Dienstmagd) Befehl gethan, mir den erfahrendsten Kunstgärtner der Stadt zu bestellen. Der soll das Unkraut ausrotten, Buchs legen nach meinem eigenen Riß, Rosenstöcke pflanzen ohne Maß und Ziel, und Hyazinthen und Narzissenzwiebeln so viel das Land tragen will. Feldnelke will ich mir vom Zisaberg holen und Marienblümchen und Vergissmeinnicht von der nächsten Wiese.*

Na immerhin, denke ich, etwas wollte Kosegarten auch selbst tun. Dass er einen so kleinen Garten ganz in eigene Regie nehmen könnte, was die Arbeit betrifft, auf die Idee kam er nicht. Das überließ er dem Gärtner. Oder später seiner Frau. Vor seiner Amtseinführung heiratete er am 27. September 1786 in Greifswald. Hier wohnte die Verwandtschaft seiner Braut. Über das Leben der Beiden in Wolgast gibt es keine Zeugnisse. Nur das Gedicht Kosegartens zum Geburtstag seiner Frau am 6. November 1786, abgedruckt im 2. Band seiner *Gedichte* von 1788:

*Meine Rina, ich kenn Dein Herz voll seltener Güte,*
*Deinen duldenden Sinn, Deine verträgliche Huld,*
*Deine unausgesprochene und unaussprechliche Liebe,*
*Welche empfindet, nicht schwärmt, welche handelt, nicht schwatzt ...*

Er würdigte damit genau die Frau, die er für sein praktisches Leben brauchte. Ob sie sich selber auch so sehen wollte?

Am 10. Oktober fand seine feierliche Amtseinführung statt. Er trug die schwarze Amtstracht mit seidenem Mäntelchen. Diese Stadtschule von Wolgast, gegründet 1537 unter Herzog Philipp I. von Pommern, besaß seit Ende des 17. Jahrhunderts fünf Klassen mit drei wissenschaftlich gebildeten Lehrern. Die Schüler sollten hier auf die Universität vorbereitet werden.

Bei einem Gehalt von 175 Thalern, umgerechnet nach Franck 528 Mark im Jahr, dazu 12 Scheffel Getreide, freie Wohnung und 10 Faden Holz arbeitete er oft von fünf Uhr morgens bis 22 Uhr abends. Privatstunden brachten einen kleinen Nebenverdienst. Der Urlaub belief sich nach Franck auf 35 Tage, 10 Tage Weihnachtsferien, 8 Tage Osterferien, 4 Tage Pfingstferien, 8 Hundstage, 4 Markttage und 1 Scheibenschusstag.

Seine Rede, die er 1788 vor seinen Schülern hielt, zeigt, welche Werte er ganz im Sinne der Aufklärung zu vermitteln strebte: Tugend, Gelehrsamkeit, Selbstbeherrschung und Genügsamkeit. Im Streben danach liegt wahre Glückseligkeit. Wie sehr hat sich seitdem der Wertekanon verändert? Begeistert rühmte Kosegarten die Schönheiten der Natur und pries seine geliebte Insel Rügen, deren Landschaften ihn an die Gefilde Ossians, die Schottischen Hochlande, erinnerten. Auch wenn die Zukunft im Dunkel liege - *fern durch das mitternächtliche Dunkel funkeln mir zween holde Sterne; der Glaube ... und die schöne Hoffnung besserer Welten ... In meinem Busen lebt der eherne Entschluß, nützlich zu seyn.* Glückseligkeit und das rechte Tun hingen für ihn untrennbar zusammen. *Ich ... habe keine echte Freude gefunden, ohne die Freude Gutes zu thun.*

Nach seinem Tode erkannte sein Sohn die Fähigkeiten und Grenzen des Vaters genau und stellte in seiner Biographie fest, dass *Kosegartens Geist und Stimmung beim Unterricht mehr geeignet waren, befähigte Geister lebhaft zu wecken und rasch weiter zu führen, als dazu, die größere Zahl der mehr zögernden langsam weiter zu bringen.*

Zu den befähigteren Schülern gehörten Karl Lappe, Karl Nernst, Jakob und Philipp Otto Runge. Er regte sie allesamt zum Dichten an. Sehr früh erkannte er die Begabung Philipp Otto Runges zum bildnerischen Schaffen und blieb ihm bis zum Tod ein väterlicher Freund. Damit wirkte er prägend auf einen der bedeutsamsten Vertreter der Romantik. Pädagogisch regten ihn Salzmann und Pestalozzi an. Ihnen widmete er auch die Ausgabe seiner Briefe aus der Hauslehrerzeit.

Neben seinem langen Tag in der Schule arbeitete er literarisch äußerst produktiv. Seine gesammelten *Gedichte* in zwei Bänden 1788 öffentlich preiszugeben, dazu verleitete ihn, wie er im Vorwort bekennt, das *Zutrauen zum Vaterland* und der Wunsch, *nicht namenlos in seinem Schooße zu modern und die verführerische Aussicht auf den Beifall deiner ernsten Männer, und das Um den Hals fallen deiner feurigen Jünglinge und den leisen Händedruck deiner verschämten Töchter.* Er suchte die Freundschaft Gleichgesinnter, vor allem Gleichempfindender. Von den Männern wollte er umarmt werden, und die Hand gereicht bekommen von den Frauen. Darin war er Romantiker. Denn sie pflegten sinnliche Freundschaft und suchten einer im anderen das Gegenüber, um ihre Gefühle mitzuteilen. Kosegarten brauchte das Dichten auch als Ausgleich zum Alltag. Es entschädigte ihn *für die Armseligkeiten der Wirklichkeit* und *die Thatendürftigkeit unseres schwarzseligen Zeitalters.*

Es ist Francks Verdienst, seine literarische Arbeit detailliert seinen Lebensepochen zugeordnet und dargestellt zu haben. In der Wolgaster Zeit stand rezeptives Schaffen im Vordergrund. Kosegarten überarbeitete seine Gedichte. Er übersetzte Oliver Goldsmith's *Geschichte der Römer und des oströmischen Kaiserreichs* in vier Bänden. Den ersten Band widmete er dem schwedischen Kronprinzen Gustav Adolf. Diese Widmung von 21 Seiten sollte für seinen weiteren Lebensweg entscheidend werden. Unermüdlich übersetzte er weiter. Adam Smith's *Theorie der sittlichen Gefühle,* auch in zwei Bänden, weiter den Erfolgsroman *Clarissa* von Samuel Richardson in acht Bänden. Das Englische hatte er sich im Laufe der Zeit selbst beigebracht.

Was er sonst noch lesenswert fand, fasste er als zerstreute Blätter im ersten Band seiner *Rhapsodien* zusammen. Diesen Band widmete er Immanuel Kant. Mir ist nicht bekannt, dass Kant sich dazu jemals äußerte. Kosegarten charakterisierte ihn als *gefühlvollsten und tiefsinnigsten* Denker seiner Zeit. Der *bestirnte Himmel über mir und das moralische Gesetz in mir* - diese Formulierung schlug ein bei Kosegarten. *Der Anblick einer zahllosen Weltenmenge vernichtet gleichsam meine Wichtigkeit, als eines thierischen Geschöpfes, das in der Materie, daraus es ward, dem Planeten (einem bloßen Punkt im Weltall) wieder zurückgeben muß, nachdem er eine kurze Zeit mit Lebenskraft versehen gewesen. Der zweyte erhebt dagegen meinen Werth, als einer Intelligenz, unendlich durch meine Persönlichkeit, in welcher das moralische Gesetz mir ein von der Thierheit, und selbst von der ganze Sinnenwelt unabhängiges Leben offenbart* und *ins Unendliche gehet.* Damit leitete er seine 1794 gegründete Jahresschrift zur Beförderung der Religiösität *Eusebia* ein. Auch daraufhin rührte sich Kant nicht.

Ein überschwänglich, Begeisterung heischender Stil durchzieht auch die theologischen Schriften, obwohl darin noch das Prinzip Vernunft und Bibel vorherrscht. Seine Rede über *„Des Herren Abendmahl"* ist ein Zeugnis dafür. Aus heutiger Sicht ist sie nur sehr schwer lesbar, aber sie wurde mehrmals gedruckt und auch ins Französische und Englische übersetzt. Selbst Franck lobte sie.

Spornten Kosegarten die Honorare zu dieser enormen verlegerischen Tätigkeit an? Geld wurde gebraucht. Auch wenn ihr erstes Kind auf sich warten ließ. Im vierten Wolgaster Jahr brachte Katharina die Tochter Allwina Luisa zur Welt. In der ganzen Wolgaster Zeit findet sich keine Notiz vom Vater darüber. Erst in Altenkirchen auf Rügen widmete er ihr zum 4. Geburtstag ein Gedicht:

*Nun musst du auch recht artig sein*
*Und musst nicht so viel schrein,*
*Und tückisch nicht und muckisch nicht,*
*Noch eigensinnig sein.*
...

*Nun, nun, ich weiß, du bist's nicht mehr*
*Und kannst auch nicht dafür.*
*Drum weg mit Sittenrichterei,*
*Uns freuen wollen wir.*
...

*Da kommt der schöne Kuchen schon*
*Mit Lichtlein hell und klar;*
*Und zwischen den vier Lichtlein blitzt*
*Ein Thaler blank und bar.*

Die Romantiker wandten sich dem Kind zu – sie nahmen die Kindheit als eigene Lebensstufe wahr und entdeckten darin das Jesuswort wieder, *wenn ihr nicht werdet wie die Kinder, könnt ihr nicht ins Reich Gottes kommen.*

Die Arbeit erschöpfte seine Kräfte. Er litt an Brustbeschwerden. Deshalb suchte er nach einer neuen Stelle. So bewarb er sich u.a. um die freigewordene Pfarrstelle Altenkirchen, die durch den schwedischen König vergeben wurde. Überraschend erhielt er die Zusage für Altenkirchen unter 30 Bewerbern. Damit hatte er es geschafft, seine *von mehreren Seiten so gepresste Lage mit einer anderen zu tauschen, in welcher ich einer goldenen Muse und der gewünschten Unabhängigkeit genieße*! So schrieb er vier Jahre später am 24. Juli 1795 in einem Brief an Schiller. Er erinnerte sich in der *Geschichte seines 50. Lebensjahres* an die erhofften Vorteile. *Für das Entbehren der sog. feineren Welt und ihrer Freude rechnete ich Ersatz zu finden in der ideellen, die ich im Innern trug ... Die größere Muse, die tiefere Ruhe, das idyllische Stilleben, dessen ich zu genießen hoffen durfte innerhalb des romantischen Eilands, für welches ich eine frühzeitige Vorliebe gefasst, alles dies diente, meine Wahl zu entscheiden.* Es war Rügen. Die Insel seiner Träume. Sein romantisches Eiland beflügelte ihn.

Alwina Kosegarten, Kupferstich von H. Lips
nach einem Gemälde von Weström 1798

# 6. Altenkirchen 1792 - 1808

## 6.1 Die Ankunft

Bevor er sein Amt antrat, erhielt er in der Nikolaikirche zu Greifswald die Ordination durch den Generalsuperintendenten Schlegel. Kosegarten kniete feierlich am Altar und ließ sich die Hand auflegen als Zeichen für Gottes Segen. In seiner Predigt über 2. Kor 3,2-7 über die *Vortrefflichkeit des Predigtamtes* hatte er zuvor programmatisch sein Anliegen beschrieben: *Welches ist das Hauptgeschäft des evangelischen Predigers? Das ist es, daß er Jesu schöne Lehre erforsche und erlerne aus ihren eigenen lauteren Quellen, und in ihrer ungetrübten Lauterkeit sie wieder lehre ... eine Lehre, die so einfach ist, daß ein Kind sie fassen kann, und zugleich so erhaben, daß sie auch des Denkers strengste Forderung befriedigt ...*

Hier klingt Kosegartens Credo auf. Was von Gott zu wissen ist, das kann ein Kind fassen, sonst haben es auch die Philosophen nicht verstanden. Dies wird er nach seiner Ankunft in Altenkirchen anschaulich in den Briefen eines Schiffbrüchigen beschreiben. Er schließt die Predigt: *Von Ewigkeit hat er unsere Tage in sein Buch geschrieben. Ziel hat er gesetzt und vorher bestimmt, wo, und wie lange wir wohnen sollen auf Erden. Unsere Schicksale sind ein Stückwerk in seiner Hand. Unser Leben ist ein Lustgarten seiner Güte. Er ist nicht fern von einem jeden unter uns. Wir leben, weben und sind in ihm. Wir sind seines Geschlechtes. – Theure Zuhörer, welche Religion verkündet uns einen solchen Gott? Welch anderes Geschäft kann erfreulicher und gemeinnütziger seyn, als die Verkündigung eines Gottes, der unseren Wünschen, Hoffnungen, Ahnungen und Bedürfnissen so innigst zusagt?*

Die natürliche Interpretation der biblischen Texte lag ihm nahe. Das Evangelium war für ihn mit der Vernunft und dem Herzen zu fassen. Auch für das einfachste und kindlichste Gemüt. Nun, da ihm das Los lieblich gefallen war, fiel es leicht, seine Wünsche mit Gottes Willen im Einklang zu sehen. Er stand zu der Verantwortung, die auf ihn zukam, Menschen zu *lehren, trösten, bessern, der Ewigkeit erziehen.* Die ganze Predigt ließ er im 2. Band seiner *Rhapsodien* abdrucken, 21 Seiten lang.

Noch einige Wochen verweilte die Familie bei den Verwandten in Greifswald, ehe sie die Reise zur Insel Rügen fortsetzte. *Der Mühe des Einpackens überhoben uns gefällige Freunde.* Katharina, wieder hochschwanger, erwartete das zweite Kind. Während von Wittow aus ihre Sachen mit einem Boot abgeholt wurden, zog die Familie es vor, den Landweg zu nehmen. Es war derselbe Weg, den er 15 Jahre zuvor allein genommen hatte. Gefühlvoll beschrieb er die Ankunft: *Im abendrötlichem Lichte lag bald unsere nunmehrige Heimat vor uns, von nun an der Schauplatz welcher Freuden und Leiden!*

*Weit auseinandergestreut reihten sich die stillen Hütten um die sogenannte Alte Kirche, die älteste des Landes, in deren Nähe wir dann auch unsere Wohnung entdeckten, demütig, einfach, friedewinkend. Dies sollte seine Heimat werden für die nächsten 16 Jahre.* Am Johannistag fand die feierliche Einführung in der Kirche statt, und am darauf folgenden Tage wurden ihm alle Insignien seines neuen Amtes übergeben.

Der Witwe des Vorgängers kaufte man das gesamte Inventar ab, denn der Wolgaster Hausstand, der mit dem Schiff noch erwartet wurde, hätte das Pfarrhaus nicht füllen können. Als wir 1983 in dieses Haus zogen, zählte ich 17 Räume und Nebengelasse.

Was tat nun Kosegarten in den ersten Wochen? Er erkundete die Landschaft. Altenkirchen kannte er noch nicht. Wittow war ihm früher als weite eintönig und ermüdende Fläche geschildert worden. Jetzt lebte er hier und fühlte schon beim ersten Blick über diese Buchten und *verschwiegenen Uferschründe ... daß solchen Erscheinungen gegenüber die geistigen Flügel, der Funke der Begeisterung* ihn ein Leben lang nicht verlassen würden. Später sollte es anders kommen.

Vorerst war ihm das *Los aufs Lieblichste* gefallen. Sein Vorgänger, Samuel Wilke, war Botaniker, bevor er Pfarrer wurde. Als Schüler von Karl von Linné in Schweden hatte er in Greifswald den botanischen Garten eingerichtet und viele besondere Pflanzen in den Pfarrgarten von Altenkirchen gesetzt. Auf ihn sollen auch die Winterlinge zurückgehen, die schon Ende Januar den Kirchhof wie einen goldenen Teppich überziehen.

Nach zwei Jahren Vakanz musste vieles ausgebessert werden. Im Herbst ließ Kosegarten die Gärten in alle Richtungen erweitern, die Teiche austiefen, Gräben ziehen, Steinmauern setzen, Bäume pflanzen. Den sonnigen Rasenplatz, der den Hofteich vom Wohngebäude trennte, umzog er mit einem Kranz von Espen und Silberpappeln, unter deren Schatten spendenden Wipfeln er später die Kinder seiner Kinder spielen sah. Sie stehen heute nicht mehr. Wohl aber die Linden, die das Pastorat vom Kirchhof trennten und in den folgenden Jahrzehnten die Kastanien ablösten. Als wir zwei Jahrhunderte später hier einzogen, war der Kirchhof

Pfarrhaus Altenkirchen, Kupfer von Johann Jakob Grümbke, 1798

schon zum großen Teil an die umliegenden Häuser als Gartenland verpachtet. Ging der Sinn für Pfarrgärten verloren? Uns fehlten zupackende Hände. Wir nahmen den Begriff *Pastor* wörtlich und ließen Schafe weiden. Heute hat man die allerorts übliche, gepflegte Anlage daraus gemacht.

Auf dem Kupferstich von 1798 von Grümbke sind die Bäume noch sehr klein. Der Eingang des Hauses lag damals gen Süden. Der im Vordergrund angedeutete Teich ist heute noch ein Froschparadies. Die Kinder konnten hier ihre Schiffe schwimmen lassen.

### 6.2 Die Pfarrstelle

Altenkirchen zählte zu den reichsten Pfarrstellen des Landes, denn es gehörte viel Grundbesitz dazu. Das Land war verpachtet. Die Einnahmen kamen dem Pfarrer und der Gemeinde zu Gute. Wilhelm Humboldt schätzte den Ertrag dieser Stelle auf 3000 Taler im Jahr. Ein Universitätsprofessor musste oft mit einem Zehntel davon auskommen und Kosegarten selber als Rektor die Jahre zuvor mit dem siebzehnten Teil. Hier trieb ihn nicht mehr die finanzielle Not zum Schreiben.

Kosegarten handelte großzügig. Er beließ es bei den niedrigen Pachtpreisen, selbst als die Grundstückspreise in den kommenden Jahren ums Doppelte stiegen. So kam es, dass die Pächter wohlhabender wurden als der Verpächter. Für die Führung des eigenen Haus- und Feldwesens nahm er einen zuverlässigen Wirtschafter.

Kosegarten versicherte, dass er nie in seinen Pferdestall gekommen ist. Trotzdem waren seine Gespanne weit und breit die tüchtigsten. Die Saaten auf den Feldern gediehen prächtig, und an Milch und Butter war kein Mangel. Die Bienen summten durch den Garten und überhaupt, es war ein Land, wo Milch und Honig fließen. *Brand, Mehltau, Hagelschlag und Windstürme* sind an seinen Ländereien vorbeigegangen, so erinnerte er sich von Greifswald aus.

Die Gemeinde, *zu deren religiöser Bedienung* er berufen wurde, bewohnte den *mitternächtlichen Theil der Insel Rügen.* Das Kirchspiel Altenkirchen umfasste die ganze östliche Hälfte der Halbinsel Wittow von Arkona und Schwarbe bis Lobkevitz und Breege, 25 Dörfer und Höfe, von denen Altenkirchen und Breege die größten waren. In Altenkirchen gab es 54 Häuser mit 308 Einwohnern. Von den ca. 3000 Einwohnern Wittows wohnten mehr als die Hälfte in seinem Bezirk. Die meisten Gemeindeglieder gehörten unteren sozialen Schichten an. Kosegarten zählt Ackerbauern, Fischer, Schiffer und Tagelöhner auf. Gebildete fanden sich nur wenige, manchmal unter den Gutsbesitzern und Pächtern.

1798 werden Kosegartens *Poesien* veröffentlicht. Dabei sind im Anhang die Subskribenten, also die Förderer des Buches, namentlich und mit ihrem Wohnsitz verzeichnet. Unter ihnen finden sich die Wittower Julius von der Lancken aus Lanckensburg, Gustav von der Lancken aus Varnkevitz, Frau Bamberg zu Reidervitz und Herr Fock aus Schwarbe.

Mit Julius von der Lancken, einem kein Risiko scheuenden Romantiker und Phantasten, war er befreundet und stand bei dessen Tochter Pate. Der Adlige legte auf dem öden Sand zwischen Meer und Bodden einen wunderschönen Park an mit kleinen Häusern anstelle eines Schlosses mittendrin: *Julius - ruh.* Kosegarten beriet ihn dabei. Aber nachdem die Wellen bei Sturmflut ihm zweimal alles Angepflanzte mit Sand zugeschüttet und zerstört hatten, gab Julius auf. Er floh vor den Mühen der Erhaltung nach Berlin und kam nie wieder. Den Park ließ er mit Kosegartens Hilfe in einer Lotterie versteigern. Heute profitiert Juliusruh von diesem Park, wenn auch von der Residenz nichts mehr zu sehen ist. Sie war ohnehin nicht fertig gebaut. Aber in ihr entschied sich Kosegartens Zukunft.

Kosegarten selbst schätzte die Zahl der Leibeigenen auf Wittow besonders hoch. Unter den ca.3000 Einwohnern meinte er nur 400 freie Personen zu finden. Ich habe mir in den Kirchenbüchern die Berufe der Väter der getauften Kinder angesehen. Auf einen freien Bürger kamen fünf Leibeigene. Dabei fiel mir auf, dass Kosegarten nur die Taufen der Freien übernahm. Die Leibeigenen taufte sein Diakon und Pfarrgehilfe Groth. Die Freien zahlten wesentlich mehr für diese Amtshandlungen.

Theoretisch erkannte Kosegarten die soziale Problematik der Leibeigenen klar. Er sah sie als Menschen, die gleich Sachen *mit der Erdscholle, auf der sie geboren werden, verkauft, vertauscht, verspielt oder verpfändet werden, und keine andere Aussicht haben, als den Boden, dem sie einmal angehören, zeitlebens für andere zu bebauen und mit ihrer Asche ihn endlich zu düngen.* Sie mussten demnach auf den Pachtgütern Dienste leisten *und konnten sogar verkauft werden.* Schon in den *Briefen eines Schiffbrüchigen* bezog Kosegarten dazu Stellung. Sechs Jahre später in *Ida von Plessen* nahm er die Marxistische Gesellschaftskritik bereits vorweg. Leibeigene sind *entmenschte Menschen ... von uns ... um Persönlichkeit, Freyheit, Eigenthum, um ihre unverlierbarsten Ansprüche* betrogen. Er verweist auf die herabwürdigende Härte ihres Lebens. *Nur der geplagte Mensch schleppte sich schwerfällig in der mühseligen Furche, die er gleich seinem unbehülflichen Stier aufzuwühlen zwang, und auch nicht einmal fiel ihn ein, zu dem schönen blauen Himmel aufzublicken.* Daß *einfältiger Sinn für Naturgenuß unter den Menschen so selten ist,* sah Kosegarten begründet in dem *Druck pressender Verhältnisse.* Sie sind schuld, *daß selbst in edleren Naturen das höhere Leben, der Sinn für Schönheit und für Religion nicht immer emporkommt. Ohne Hoffnung, ihr Schicksal jemals zu verbessern, versinken sie endlich in einen Zustand fühllosen Dumpfseins, ergeben sich der Faulheit, und den sie begleitenden Lastern der Lügerey, Trunkenheit und Dieberey.*

In Gottesdienst und Predigt sah Kosegarten kein Mittel zur Überwindung dieses elenden Zustandes. Das soziale Übel musste an der Wurzel angefasst werden: *Zuvor verbessert ihren äußeren Menschen, er ist ihnen näher. Verbessert ihre Kost. Erhöht ihren Lohn. Befriedigt ihre physischen Bedürfnisse. Sichert ihnen ein sorgloses Daseyn!*

*Erst wenn die äußeren sozialen Bedingungen menschlich und gerecht werden, kann sich das innere Menschsein entfalten.* So klar das Kosegarten theoretisch erkannte und in seinen Schriften anprangerte, praktisch veränderte er selbst die Zustände in seinem Wirkungsbereich nicht.

Dass ein Pfarrer sehr wohl die Möglichkeit dazu besaß, zeigt das Beispiel des Präpositus Picht in Gingst, der seinen Leibeigenen auf eigene

Verantwortung den Freibrief ausschrieb. So ein Praktiker war Kosegarten nicht. Auch wenn er eigene Wege beschritt, sollte doch alles seine gesetzliche Ordnung haben. So reiste er z. B. nach Stralsund zum Besuch des schwedischen Königs. Er nutzte dessen Geburtstag und trug sein Gedicht vor, in dem er aufs Härteste die Leibeigenschaft anprangerte.

*Geist der Menschlichkeit und Milde,*
*Wann werden deine Lustgefilde*
*Nicht mehr durch Schweiß der Sclaven blüh'n!*
*... Es stöhnt die Natur,*
*Es lechzt die Kreatur,*
*Frei zu werden*
*Vom herben Joch*
*Daran sie zog -*

Kosegarten erzählt in einem Brief vom 6. Februar 1805 an einen Amtsbruder, sein Vortrag dieser Strophe habe beim König solchen Eindruck gemacht, dass dieser noch vor seiner Abreise bei den Landständen gegen die Leibeigenschaft intervenierte. Das fruchtete, neben anderen Gründen. 1806 erließ der schwedische König das Gesetz zur Aufhebung der Leibeigenschaft.

## 6.3 Der Pfarrer als Grund- und Gerichtsherr

Der Inhaber der Pfarrstelle war als Grundherr zugleich Gerichtsherr. Demzufolge waren nach dem Gesetz fast alle Einwohner - bis auf wenige Ausnahmen - *ihm zu eigen samt allen Diensten und Gerichten.* Die Einwohner mussten für ihre Gärten und Äcker Steuern zahlen, für ihn Dienste leisten und dafür, dass sie nicht Leibeigene wurden, sich mit ihm vergleichen. Kosegarten handhabte das mit großer Nachsicht.

Als Grundherrn stand ihm zugleich die Patrimonialgerichtsbarkeit zu. Entsprechend der unterschiedlichen Klassen von Menschen gab es auch dreierlei Recht: Kaiserrecht, Lübisches Recht und Bauernrecht. Die Leibeigenen waren rechtlos. Was er unter vier oder sechs Augen regeln konnte, regelte er selbst. Bei kleineren Streitigkeiten berief Kosegarten eine Art Schiedskommission, bei größeren Rechtsstreitigkeiten holte er sich einen Beamten aus Bergen. In der Regel wurde einmal im Monat von früh bis spät verhandelt.

Nernst als Bekenntnis zu Wittow. Er war bei diesem Ufergottesdienst dabei und beschrieb seine Empfindungen: *Hier ist gut seyn, hier lasst uns Hütten bauen. In diesem Augenblicke wünschte ich ein Wittower zu seyn! Ein froher dankbarer Gesang endete die Festlichkeit. Ein Gesang, welcher die ganze Felsenschlucht mit lieblichen Tönen erfüllte, über die lieblich ruhende Vitte wie ein Abelsopfer hinduftete und an den Säumen des Windes verhallte.*

Kosegarten weitet in dieser Predigt die Verklärungsgeschichte aus. *Daß uns wohl sei auf der Erde, dazu, meine Zuhörer, dürfen nun gerade so außerordentliche Zustände nicht zusammentreffen. Überall ist gut seyn auf dieser weiten Erde, wenn man die Gaben des guten Gebers nur gebührend zu schätzen und zu nutzen versteht.* Und er zählt die Vorzüge des Landes auf, die Abgeschiedenheit und Stille, die Güte des Klimas, die Ergiebigkeit des Bodens und die Nähe des Meeres. Kosegarten ermutigt und ermahnt zum Leben: *Kurz ist unsre Reise in das Grab. Lasset uns einander diese kurze Reise durch Zwist und Zanksucht nicht verleiden. Eng sind die Gränzen, innerhalb welcher wir wohnen. Lasset uns sie durch Misstrauen und Scheelsucht nicht noch mehr verengen. Wenig sind der reinen Freuden dieses mühevollen Lebens. Lasset uns die wenigen durch Groll und Missverständnis nicht auch ermorden! Friedlich lasst uns beieinander wohnen. Freundlich lasst uns miteinander umgehen.* Es ist der Blick auf die Natur, die Schöpfung Gottes, die ihm die Gewissheit vermittelt, *Hier ist gut sein* um danach auch zu handeln.

*Die Erhabenheit endlich der uns umgebenden Natur, ihre hohe Einfalt und malerische Schönheit, sollte die uns nicht das inner geistige Auge öffnen ... das Geistige im Sinnlichen zu finden, und im Geschöpf den Schöpfer?*

Als Prediger wollte er den Menschen emporheben, denn *dieß irdische Leben ist nur das erste Glied einer die Unendlichkeit durchreichenden Kette.* Dass Kosegarten nicht der einzige war, der so predigte, belegt die Tatsache, dass er sich nicht scheute aus den damaligen Predigthilfen eine ganze Predigt zu übernehmen. Die Predigt über die Zusammensetzung des Meeres fand ich fast komplett in einem Predigthilfsbuch seiner Zeit im Altenkirchener Archiv wieder. Diese Predigt von 1792 atmet aber noch vielmehr den Geist der Aufklärung - die Darlegung der neuesten Erkenntnisse über die Entstehung der Welt und ihre Meere muss ihn selbst fasziniert haben. Vielleicht fehlte ihm aber auch ganz konkret die Zeit zur Vorbereitung, denn an diesem Tag hatten die Fischer einen überaus großen Fang eingebracht, so dass es sich anbot, dies in der Predigt zu thematisieren.

Auch literarisch hat Kosegarten seine Uferpredigten bekannt gemacht. Spürte er, dass die Predigten in ihrer liturgischen Ausprägung nur eine bestimmte Schicht erreichten? Menschen hören lieber Geschichten. Schon in den *Briefen eines Schiffbrüchigen,* die Kosegarten gleich im ersten Amtsjahr auf Rügen verfasste, wird der Held der Geschichte, der gestrandete Volker, ein Zuhörer und Kommentator zweier Uferpredigten. Spannend zu lesen sind der Schiffbruch vor Arkona und die Rettung Volkers, der nun vierzehn Tage Zeit hat, die Insel zu erkunden. Caspar David Friedrich setzte das Motiv zehn Jahre später in seiner Sepiazeichnung bildnerisch in Szene.

Caspar David Friedrich, Blick auf Arkona mit Schiffbrüchigen, 1802

Kosegarten beschrieb den Brauch der Ufergottesdienste gleich in doppelter Form, als Schönwetter- und Regenvariante. Denn bei Regen fand alles in einer Fischerhütte statt. Dicht gedrängt saßen und standen die Menschen. Der Prediger stellte sich der Situation. Er änderte sofort das Predigtkonzept und sprach im kleinsten Raum *Von der Menschenliebe* (1.Joh 4,8) anstatt *Von den Vögeln unter dem Himmel* (Mt 6,26). Darüber predigte er lieber bei Sonnenschein und Sturm, wenn die Möwen und Schwalben über ihnen kreisten. Auch den Schluss dieser Predigt zitierte er in Variation in seinen *Briefen eines Schiffbrüchigen: So sehet nun die Vögel unter dem Himmel! Sehet an, liebe Freunde, ihren wunderbaren Bau, ihre wunderbare Erhaltung und Ernährung, und lernt glauben an das Daseyn, und an die Macht und Liebe eines großen allversorgenden Hausvaters. Sehet an die Vögel unter dem Himmel, und lernt von diesen immerfröhlichen Kreaturen Freude, Fröhlichkeit und Frohsinn! Seyd ihr traurigen und niedergeschlagenen Gemüths, ist eure Stirn bewölkt, und eure Seele verfinstert – Sehet an die Vögel unter dem Himmel! Mit Jubel erwachen sie. Mit Jubel durcharbeiten sie den ganzen Tag. Mit Gesang begrüßen sie noch den lezten abschiednehmenden Strahl der Sonne. Und ihr, die ihr so viel edler seyd, denn sie, die ihr so viel mehr Ursach euch zu freuen habt, denn sie, die ihr so viel mehr Aufforderung habt zu herzlicher Zufriedenheit, wenn ihr denkt an euren hohen Adel und eure ewige Bestimmung – ihr wolltet trauern? – Aengsten euch die Sorgen der Nahrung, quält der Gedanke euch an eine aussichtslose Zukunft ... Seyd ihr fremd und einsam auf Erden, wisst ihr nicht, wo ihr unterkommen, noch euer müdes Haupt hinlegen sollet? ...*

*Der die Vögel unter dem Himmel versorgt, der wird auch euch versorgen, die ihr besser seyd, denn ganze Schwärme von jenen. Nur müsset ihr auch nachahmen die Tugenden dieser unschuldigen Kreaturen. Ihr müsset nachahmen ihre unverdrossene Arbeitsamkeit. Ihr müsset euch befleißigen ihrer stillen Genügsamkeit. Ihr müsset euch zu eigen machen ihre häusliche Betriebsamkeit, ihre standhafte eheliche Liebe, und ihre rührende Zärtlichkeit gegen ihre Jungen. Thut ihr solches, meine Lieben, so werdet ihr bald ebenso fröhlich und sorgenlos werden ... Ihr werdet jubilieren, wenn der Tag erwacht, gleichwie die jubilierende Lerche. Ihr werdet jauchzen bei eurer Arbeit, wie die bauende Schwalbe und die nistende Grasmücke zwitschert und flötet bei den ihrigen den ganzen langen Tag. Ihr werdet frohlocken in den Umschattungen der Trübsal, gleichwie die Nachtigall am schönsten singt im Dunkel der Mitternacht. Ihr werdet, wenn einstens Gottes Bothe euch von hinnen ruft, gleich dem sterbenden Schwane, mit Gesang und Jubel niedersinken in das stille Bette des Grabes. Amen.*

Ja, er wollte zum Leben locken. Sein tiefes Gefühl bewahrte Kosegarten, die Schöpfung in platte Zweckmäßigkeit münden zu lassen, wie es wohl damals in den Predigten mancher Amtskollegen, die dem Rationalismus verfallen waren, der Fall war. Für ihn blieb die Freude der Kern des Daseins. Freude an Gottes Schöpfung.

Die Themen suchte Kosegarten sich selbst aus:, *Vom Weltmeer, Sehet die Vögel unter dem Himmel, Die Herrlichkeit des Herrn im freien Felde, Der Sand am Meer, Von der Anmuth des ländlichen Lebens, Hier ist gut sein, Von der Menschenliebe, Die wechselseitige Annäherung des Schöpfers und der Geschöpfe, Gott ist Vater, Lob der Liebe.*

Unter den Schatten der Kastanien wandelnd meditierte er sie, schrieb sie auf und lernte sie auswendig, um sie dann mit Gefühl vorzutragen.

Vielleicht dichtete er seine meistaufgelegte ländliche Idylle *Jukunde* nur, um die Sitte der Uferpredigten weit über die Insel hinaus bekannt zu machen. Denn die Beschreibung der Uferfeier bildet das Herzstück und steht deshalb in der Mitte, der 3. Ekloge dieser Dichtung, umrahmt von einer Liebesgeschichte. Die Tochter des Pfarrers findet ihren Geliebten, der aus den Kämpfen gegen die Franzosen heimgekehrt ist, nach der Uferpredigt im Burgwall von Arkona wieder. Bei diesen Uferpredigten konnte Kosegarten praktisch beweisen, was er zuvor in seinen Schriften theoretisch ausgeführt hatte: *Schönheit ist das Göttliche in der Natur.*

Im Blick auf die intellektuelle Bildung mag er seinen Zuhörern haushoch überlegen gewesen sein. Predigte er über sie hinweg? Keineswegs. Er fesselte sie, wie er sich selbst später im Rückblick beschreibt, durch das *Feuer des Redenden, die Inbrunst, den Schall der Stimme selbst, die Wahrheit der Gebährdung, die mich zu Zeiten unwillkürlich übermannende Wehmuth, die Tränen, die mir ungerufen in die Augen stürzten.*

Er wollte seine Zuhörer über den beschränkten Kreis ihrer täglichen Sorgen hinausheben, die Ahnung höherer Dinge in ihnen wecken. Viel Wissenswertes ließ er einfließen. Erst, was der Mensch kennt, kann er achten und lieben. Aber es ging ihm nicht um einen einfachen Naturkundeunterricht. Er versuchte seine Zuhörer gefühlsmäßig zu erreichen. War es Schleiermachers Anliegen – der zu Recht Theologe der Neuzeit genannt wird – vor allem in den *Reden über die Religion*, den Gebildeten seiner Zeit Religion als *Sinn und Geschmack für das Unendliche* nahe zu bringen, so wandte sich Kosegarten konsequent in seiner Umgebung gerade den Ungebildeten, dem Volk zu, in dem er eine große Kraft im religiösen Wachstum entdeckte. Trotz Arbeit und drückender Zustände sollten sie sich Ruhepausen gönnen, Besinnung als Heiligung des Feiertages.

Es war Herder, der gesagt hatte, dass das poetische Empfinden und der Drang zur Erhebung des Gemüts auch dem Schlichtesten und Einfachsten eigen sei. Das beweisen Volkslieder und Sagen. Auch Kosegarten nahm

Volkssagen und Lieder in seinen Dichtungen auf. Darin war er Herder ähnlich und ein Vorbote der Romantiker.

Der Religion kam dabei erweckende Funktion zu. Deshalb gab Kosegarten 1797 eine Schrift zur Beförderung der Religion heraus, die auch zwei Uferpredigten von ihm enthält. Er widmete sie seiner Frau. In dieser Schrift, *Eusebia,* formuliert er sein Religionsverständnis. *Wir müssen uns vom Gefühle zum Erkennen, vom Erkennen zum Glauben, vom Glauben zum Frieden und zur Eintracht mit uns selber durchgearbeitet haben.*

Philipp Otto Runges Märchen vom Fischer und seiner Frau und vom Machandelboom mag hier aus der Begegnung mit den Menschen in den Fischerhütten stammen, denn Runge besuchte seinen ehemaligen Lehrer in Altenkirchen und stand mit ihm im Briefwechsel. Sollte er doch das Altarbild für die Kapelle Vitt malen. Es ist anzunehmen, dass er auch einmal unter den Hörern der Uferpredigt weilte.

Nach den Ufergottesdiensten blieb man zusammen, teilte das mitgebrachte Essen und erzählte sich das Neueste. Sicher auch Märchen. Für Kosegarten galt: Gottes Wort ist für jedes Kind verständlich. Die Kinder kamen mit zu den Uferpredigten. In Kosegartens Schilderung der *Jukunde* hält sie ihre vierjährige Schwester an der Hand. Ich vermute, auch Kosegartens eigenen Kinder werden selbstverständlich mitgekommen sein.

Kosegarten konnte sich mit seinem Wirken auf die einfache Landbevölkerung einlassen, weil er sie ernst nahm und das Evangelium als eine für alle und somit auch jedem Kind verständliche Sache empfand. Das Gefühl spielte die entscheidende Rolle. Deshalb muss man, *während man zu ihnen redet, seine schulgerechte Rhetorik und Grammatik gänzlich vergessen. Man muß einen Ausdruck der lebendigen Volkssprache aufgreifen ... Man muß, was man ihnen zu geben hat, ihnen ganz klar, rund, schlicht und greiflich geben, izt in Bildern und Gleichnissen, izt in Exempeln und Geschichten, izt in geflügelten Kernsprüchen, izt in herzlichen Liedstrophen; selten in wissenschaftlicher Abhandlung, oder staatlicher Oration – alle Wege aber mit feuriger Zunge, je nachdem der Geist einem gibt ..."*

Was lag näher, als Menschen, die in der freien Natur arbeiteten, auch diese Natur als Sinnbild Gottes zu predigen? So zitierte Kosegarten unermüdlich, auch in anderen Predigten, Beispiele aus der Natur. Er verfiel nie einem platten Moralismus. Seine bildhafte Predigtweise ließ dem Menschen Raum zur eigenen Orientierung. Denn ein Bild - vorgestellt - ist nie zwingend, wohl aber überzeugend. Es verinnerlicht eine Aussage und wird dadurch handlungsbestimmend. Kosegarten war viel zu sehr

Anhänger Herders, als dass er sich Spaldingschem Nützlichkeitsdenken ergab. Nicht die Nutzbarkeit, sondern die Vortrefflichkeit des Predigtamtes hatte er betont.

In diesem Sinne verfasste er auch seine Dichtungen *voll treuen Glaubens an die unsichtbare ästhetische Kirche der Deutschen,* wie er es in einem Brief an Jean Paul vom 3. Februar 1798 formulierte. In der Mitte seines Lebens stand er eher der Tradition des Pietismus nahe. Kosegarten wollte niemals nur den Verstand aufklären, sondern die Herzen der Hörer und Hörerinnen erreichen. In seiner gefühlsbetonten Predigtweise trennte sich Kosegarten schließlich von der Aufklärung und romantisierte vielmehr ihre Inhalte. Die Romantiker waren es, die das Gefühl über alles stellten. Liebe lässt sich mit dem Verstand nur mangelhaft erklären. Sie wirkt im Herzen.

### 6.6 Der Alltag

Seinen Alltag bedichtete Kosegarten für alle Welt in der Zeitschrift *Die Horen* 7, 1796, in einem fast dreißig Seiten langen Gedicht mit 508 Hexamentern! Bei der späteren überarbeiteten Aufnahme in seine Dichtungen verwies er im Vorwort darauf, dass diese *Ekloge* Herder als seine *Lebens-Ekloge* zu nennen liebte.

*Die ihr, verstreut umher durch Deutschlands Marken und Gauen,*
*Näher die Einen und ferner die Andern, diese vom Rhein her,*
*Jene vom Sund, vom Belt, von der Donau prangenden Ufern,*
*Meine Gesänge vernehmt, und mit den Gesängen zugleich auch*
*Lieb gewannet den Sänger ...*

Wollte er nach vier Jahren der literarischen Welt ein Zeichen geben?

Er beschrieb sein Haus und seinen Tageslauf, wie er mit der Sonne aufsteht, in den Garten geht, der Diener ihm den Kaffee bringt, und wie er die Morgenstunde, während Frau und Kinder noch schlafen, sich seinen Studien und der Dichtung hingibt, bis der Diener zum Mittagstisch ruft. Es gibt Milch, Brot, Gemüse und Fisch.

Nachmittags kehrt er nach wenigen Minuten der Ruhe an den Schreibtisch zurück. Nur die Kinder können ihn von der Arbeit abhalten:

*... dann mein süßschmeichelndes Wienchen,*
*um zu warten der Puppen, der Niedlichen, welche sie sorgsam*
*Vor des Bruders zerstörerischen Grimm auf das Zimmer geflüchtet,*
*Wo sie mit Plato und Kant und Gibbon sich friedlich betragen.*
*Doch es dauert nicht lange, da kömmt der zerstöhrende Gottfried*
*Selber heraufgepoltert, und heischet das Buch mit den Hunden*
*Oder den theuren Borowsky (wie theuer, kümmert ihn wenig)*
*... Jene nun dahlt mit dem niedlichen Püppchen,*
*und lullt es in Schlummer.*
*Dieser durchtobet das stiebende Buch, und: Vater, was ist das?*
*Fragt er bei jeglichem Blatt. Fürwahr da dichtets sich herrlich!*
*Immer noch such ich zu fahen den oft entschlüpfenden Faden.*
*Siehe da tritt vor der ehrbaren Mutter mein züchtiges Julchen*
*Trippelnd herein, und zupft den schreibenden Vater beym Ermel.*
*Nieder schau ich zu schmälen. Des Mägdleins rollendes Auge*
*Trifft mir ins Herz. Mir entsinket die Feder. Nicht länger mich haltend*

Blick über die Tromper Wiek vor Arkona,
nach der Natur gezeichnet von Rosmäsler, Berlin 1836

*Spring ich auf von dem wehenden Blatt, und drükke mit Inbrunst*
*Mein süßlallendes Kind an den schlagenden Busen. Hinunter*
*Stürmen nun Groß und Klein in den blüthenduftenden Garten.*

Wenn die große Tochter von der Schule kommt, wird angespannt zur Fahrt an den Strand. Erst mit der sinkenden Sonne kehrt man nach Haus zurück, hungrig zum Abendbrot. Dann *seiht und sahnt* die Mutter, die beiden Kleinen werden ins Bett gebracht, die Älteste darf mit den Eltern noch durchs Dorf spazieren. Man sieht die Jugend Ball spielen oder Dritte abschlagen und plaudert mit den Alten, die auf der Bank vor der Türe sitzen. Die Kleinsten, die schon schlafen, *werden beäugt und höchlich gelobt.* Man sitzt noch auf einem Baumstamm am Teich bis der Mond aufgeht und kehrt ins Pfarrhaus zurück.Wenn alles schon schläft, tritt Kosegarten noch einmal in die Nacht hinaus, gedenkt vergangener Zeiten und blickt getrost in das All hinauf. Woran wird er gedacht haben, wenn er dichtete:

*Wenig erfreut durch das, was geschah, und das, was geschieht,*
*Weniger noch, kaum hoffend, daß einst das Bessre geschehn wird.*

Die Revolution in Frankreich veränderte das Leben und Denken der Menschen. Ein Jahr später werden die Franzosen ihrem König den Kopf abschlagen. Die von Kosegarten so geschätzte Stille und der Frieden auf seiner Insel wurden bald durch die politischen Umwälzungen getrübt.

Kosegarten zog die Besucher an. Fast jeden Brief beschloss er mit der Bitte, ihn zu besuchen. Jean Paul, Schiller und Goethe schlugen seine Einladungen aus bzw. reagierten nicht. Es kamen genug andere, darunter der Oberkonsistorialrat Zöllner 1795, Wilhelm von Humboldt 1796, beide äußerten sich öffentlich. Kosegarten besuchte mit Humboldt Arkona und lud ihn anschließend zum Mittagessen ein. Das war offensichtlich so üblich. Humboldt fand: *Er ist groß, mager, und hat ein kränkliches Ansehn ... Er trägt offenbar das Gepräge des Genies an sich, doch hat er einen tief unglücklichen, gedrückten Zug besonders in den Augen und um den Mund. Ueberhaupt fehlt seinem ganzen Wesen an Haltung und Harmonie; und er hat etwas Wildes und Verstörtes, was durch sein schwarzes Haar und seinen nachlässigen Anzug noch vermehrt wird. Sein Gang ist überaus heftig, so wie alle seine Bewegungen, er hat eine Unruhe, die es schwer macht, ihn eigentlich, auch nur physisch zu fixieren. Seine Stimme hat etwas Holes und Sin-*

*Dagegen habe ich neue junge frische schlanke Schösslinge wieder hingepfropft. Eschen, Pappeln und Linden. Unter deren säuselnden Wipfeln sollen dermal einst die Julien und Lotten der Nachwelt sitzen, und sollen in meinen Liedern lesen, und sollen meiner dabey gedenken.*

*Doch das ist noch lange hin. Dermalen gehört uns die Welt, und es geziehmet, uns daran eben zu freuen. Ein Tag, verlebt im holden Umfangen derer, die uns lieb haben, ist mehr werth, als ein Jahrhundert, welches man lebt im blassen Andenken der Nachwelt.*

*Darum komm bald wieder zu uns, traute Julia, und lebe bis dahin eingedenk*

*Deines*
*getreuen Freundes*
*in Altenkirchen*

## 6.7 Der Literat

Als wolle er sich für sein literarisches Schaffen als Pfarrer auch absichern, reichte er noch einmal eine Dissertation ein. Diesmal 1793 an der Rostocker Universität: *Dissertatio theologico-ästhetica de auctorum sacrorum ipsiusque Jesu Christi vi atque indole poetica.*

Das sind Aphorismen über die biblische Poesie und die Poesie Jesu insbesondere. Denn wie Hamann und Herder war Kosegarten überzeugt davon, dass *der Prose ältere Schwester die Poesie* war. Die ältesten Überlieferungen der Sprache sind Dichtungen. Denn *die Annalen des Menschengeschlechtes, was lehren uns diese? – Sie lehren, daß all jene Bruchstücke, die auf der Zeiten verschlingendem Strome aus dem Schiffbruche der ältesten Menschenkultur zu uns herabgeschwommen sind, Poesie sey, und poetische Farben tragen.*

Bei all der Arbeit als Pfarrer und Grundherr gelang es ihm, jährlich mindestens zwei größere Schriften zu veröffentlichen. Neben seinen Gedichten verschafften ihm vor allem seine Romane Popularität. Ich habe sie noch heute leicht lesen können. Mir gefiel *Ida von Plessen* besonders gut. Kosegarten entwarf einen ganzen Zyklus romantischer Dichtungen. In drei Romanen entfaltete er die Themen Liebe zum Meer *(Ida von Plessen)*, Liebe zur Gottheit *(Bianka del Giglio)* und Liebe zur Heimat *(Adele Cameron)*. Sein Leitmotiv klingt in *Ida von Plessen* an. Ein Jüngling liebt eine Adlige. Mit dieser Liebe durchbrechen sie die Standesschranken.

Ida wird schwanger. Diesen Konflikt vermögen sie nicht im realen Leben zu lösen. Sie steigen in ein Boot und verschwinden im Nebel.

Dieser Roman spiegelt Kosegartens Gottesverständnis, auch in einer mystischen Spiritualität. Der Jüngling schreibt seiner Geliebten:

*Wenn ich liege in den grünen Schatten des Waldes, wenn ich lausche der geheimen Uferschlucht, und fern am Horizont die flüchtigen Kiele auf dem lebendigen Element hinuntergleiten sehe, so gerathe ich oft in einen ganz besonderen Zustand. Versunken in den Abgrund meines inneren Menschen, ist mir nicht anders, als ob die ganze Außenwelt nach und nach in mich hinein sich zöge; als ob die unendliche Natur mit ihrer Herrlichkeit ein bloßer Widerschein meiner eigenen Unendlichkeit, das Universum nichts anders sey, als eine fortgeschrittene Systole und Diastole meiner Ichheit. Zeit und Raum sind dann nicht mehr für mich vorhanden. Es gibt keine Fernen mehr, und keine Nähen. Nicht mehr fühle ich mich von dir geschieden. Innigst berührt und durchdringt mein Ich das deinige. Ja, es gibt kein Ich mehr, und kein Du, sondern selig verschmolzen und zerronnen Eins ins Andre fühlen wir uns nur in dem großen unaussprechlichen Geistersensorio, darinnen wir alle leben und weben und sind.*

Seine Begeisterung für die Gedanken der französischen Mystikerin Guyon (1648-1717) legt Kosegarten gleich zu Beginn des Romans dem Jüngling in den Mund: *Diese geist- und liebreiche Jeanne Marie Bouvieres de la Mothe Guyon berichtet uns, daß gleichwie allen Strömen und Bächen eine unvertilgbare Neigung eingepflanzt ist, mit dem Meer, aus dem sie entsprangen, sich zuletzt wieder vereinigen, also auch jeder schöneren Seele eine liebende Ungeduld und kranke Sehnsucht einwohne, mit dem erhabenen Urquell, aus dem sie ausgeflossen, zuletzt für immer wieder zusammenzuschmelzen, daß aber, gleichwie es nicht allen Strömen gegeben ward, in einerley Bette und Richtung, mit einerley Leichtigkeit und Schnelligkeit in das Meer zurückzufallen, aber auch nicht alle Seelen auf dieselbe Art und Weise zu ihrem hohen Ziel gelangen ...*

*Die Ströme* werden Kosegarten bis an sein Lebensende beschäftigen (vgl. Kapitel 8). In diesem Band las ich die schönsten Rügengedichte. Eine wahrhaft romantische Dichtung.

*O du stille weiße Aue,*
*Du geheimes Uferland!*
*Einsam gürtend rollt die blaue*
*See um deinen Felsenstrand.*

...

Caspar David Friedrich, Nebel, 1807

*Wenn die Sonne halb versunken,*
*An dem Wellentore glüht,*
*Und ein Meer von Flatterfunken*
*Niederwärts zu Ufer sprüht,*
*Faßt mich Sehnsucht, abzulanden,*
*Von der Erdenklippe fort,*
*Und nach Jenseits hinzustranden*
*An den hellen Freudenort.*

*O du schöne weiße Aue,*
*Du geliebtes Uferland!*
*Herrlich schwillt und rollt die blaue*
*See um deinen Felsenstrand.*
*Dieser Reiz, der nie veraltet,*
*Zieht mein ganzes Herz zu dir,*
*Und erhält dir, unerkaltet,*
*Meine Neigung für und für.*

Die Liebenden verschwinden im Nebel. Ihre Liebe bleibt, sie braucht nicht im Alltag anzukommen. Sie wird verewigt. Kleist erschoss sich mit seiner Geliebten. Aber es ist nicht nur ein Liebesroman. Er enthält auch die schärfste Gesellschaftskritik, die härteste Verurteilung der Leibeigenschaft (vgl. 6.2).

In einem Katalog der Lesebibliothek Dresden von 1804 fand ich unter den Spitzenreitern, dazu zählten Autoren, die mit mehr als 20 Bänden vertreten waren, Gotthard Ludwig Kosegarten mit 22 Titeln. Mehr als von Jean Paul. Goethe und Schiller suchte ich vergeblich.

Der Poet von der Insel fand schon zu Lebzeiten seine Verehrerinnen und Verehrer. Was konnte ihm Besseres passieren, als dass sich Komponisten fanden, die seine Gedichte vertonten? Der Amerikaner Levis M. Holmes, auch ein Nachfahre der Kosegartenfamilie, zählt 62 Komponisten auf, die für seine Verse Melodien fanden. Für mehr als 60 Gedichte. Viele davon wurden mehrfach vertont. Mit manchen Musikern stand Kosegarten persönlich in Kontakt.

Aber die stimmungsvollsten Vertonungen hörte Kosegarten selbst nie zu Lebzeiten. Sie entstanden in Wien. Auch dort las man seine Gedichte. Der junge Schubert war so begeistert, dass er an einem Abend, am 19. Oktober 1815, gleich sieben Texte vertonte. Mit 22 Liedern schuf er einen einzigartigen Zyklus. Wenn auch Vieles in Kosegartens Dichtung heute schwer erträglich ist, so sind es doch diese Lieder Kosegartens, die mich berühren. Wie ein Juwel darin empfinde ich den *Nachtgesang*, 1788 erstmals veröffentlicht:

*Nachtgesang*

*Tiefe Feier*
*Schauert um die Welt,*
*Braune Schleier*
*Hüllen Wald und Feld.*
*Trüb und matt und müde*
*Nickt jedes Leben ein,*
*Und namenloser Friede*
*Umsäuselt alles Seyn.*

*Wahrer Kummer,*
*Verlaß ein Weilchen mich!*
*Goldner Schlummer,*
*Komm, umflügle mich!*
*Trockne meine Thränen*
*Mit deines Schleiers Saum,*
*Und täusche, Freund, mein Sehnen,*
*Mit deinem schönsten Traum!*

*Blaue Ferne,*
*Hoch über mir erhöht!*
*Heil´ge Sterne,*
*Hehre Majestät!*
*Sagt mir, ist es stiller,*
*Ihr Funkelnden, bei euch,*
*Als in der Eitelkeiten*
*Aufruhrvollem Reich?*

Dichtend rückte er sich seine Welt zurecht. Darin lag eine heilende Kraft für ihn: *ich dichtete, weil ich nicht umhin konnte, also zu thun, weil die mich treibende Unruhe nicht anders beschwichtigt, die mich lechzende Sehnsucht nicht anders gelechtzt werden konnte als durch die Hervorbringung eines*

*Dichterwerkes. Der Gedanke zu einem solchen kam mir wie durch Eingebung.* Dann drängte es ihn zu schreiben und er war abwesend für die Seinen. Schon als Fünfundzwanzigjähriger gebrauchte er einen schönen Vergleich: *Dichter gleichen der Oktobersonne. Sie werfen nur selten Strahlen. Die meiste Zeit sind sie umwölkt.*

So entstanden seine Dichtungen schnell, in kurzer Zeit und – war ein Werk vollendet, kümmerte er sich nicht weiter darum. Natürlich verschaffte es ihm Befriedigung, seine Gedichte in den damaligen führenden Kunstzeitschriften, in Schillers *Musenalmanach* und in den *Horen*, von Schiller und Goethe herausgegeben, abgedruckt zu lesen.

Durch solche Veröffentlichungen setzte sich Kosegarten aber auch beißender Kritik aus. Kosegartens Ankündigungsblatt für seine *Poesien* brachte für Goethe das Faß zum Überlaufen, so schrieb er 1797 an Schiller:

*Äußerst fratzenhaft erscheint der arme Kosegarten, der, nachdem er zeitlebens gesungen und gezwitschert hat, wie ihm von der lieben Natur die Kehle gebildet und der Schnabel gewachsen war, seine Individualität durch die Folterschrauben der neuen philosophischen Forderungen selbst auszurecken bemüht ist und seine Bettlerjacke auf der Erde nachschleift, um zu versichern, daß er doch auch ungefähr so einen Königsmantel in der Garderobe führe.*

Für Franck, den Biographen Kosegartens, war jenes Blatt nicht mehr auffindbar. Ich entdeckte es als Beilage zu einem Brief an Wilhelm Schlegel in der Sächsischen Landesbibliothek Dresden. Im Angesicht des wieder aufgetauchten Blattes kann ich Goethes Kritik allerdings nicht nachvollziehen. Kosegarten warb damit einfach um Subskribenten. Er wollte *des beschämenden Lobes sowohl, als des aufmunternden Tadels seiner Freunde und Freundinnen sich würdiger erzeigen.* Er hatte an seinen Dichtungen gearbeitet, *um sich jenem Maximum der Schönheit, dessen Idee seinem Geiste vorschwebt, sich in dem Maaße zu nähern, als seine Kraft und Einsicht es duldet.*

Die Bände wurden anspruchsvoll gestaltet auf englischem Papier mit neuen Drucktypen. Ein Porträt von ihm, sowie eins seiner Tochter Alwina, zwei Blätter von Chodowiecky, sowie sechs Ansichten von Rügen illustrierten den Text. Das alles für fünf Thaler.

Wenn es um die Verbreitung seiner *Poesien* ging, konnte Kosegarten auch zum geschäftstüchtigen Kaufmann werden. Warum veranstaltet er diese Ausgabe auf eigene Kosten? Er schrieb eine Flut von Briefen, um Subskribenten zu werben. Die Briefe liegen noch in den Bibliotheken Europas verstreut.

Caspar David Friedrich, Abtei im Eichwald, 1810

So in Wien an Friedrich Freiherrn zu Retzer: ... *Sollten Sie, theuerster Mann, nun der Meinung seyn, daß meine Dichtungen zur Summe des Guten und Schönen einen, wenn auch nur geringen Beytrag lieferten, so erzeigen Sie mir die Liebe, einliegendes Blatt innerhalb ihres Kreises von Bekannten in Umlauf zu bringen, und mit ihrer über jeden Einwand erhabenen Empfehlung zu begleiten ... jedes achte Exemplar gehört den Herren Beförderern.*

Auch Lavater in der Schweiz bat er, Subskribenten zu sammeln. Lavater wünschte sich aber von Kosegarten *so philosophisch zu schreiben als möglich – so populär und nacherzählbar wie möglich.* Zu Kosegartens Porträt konnte er nur bemerken: *Oh hätten Sie es doch in einem kleineren Formate gravieren lassen. Ich bin gewiß, Ihr wahrer Geist wäre erkennbarer geworden. Ich traue diesem Styl, der zu dieser Grösse nötig ist, wenig reine Wahrheit zu. Ich schriebe darunter: Nur dem Auge des Bildes, der Nase nicht, auch nicht den Lippen fehlt des Urbilds Sinn für das Wahre, das Gute, das Schöne.* Musste sich Kosegarten so als Literat verkaufen? Was mögen es für Beweggründe gewesen sein?

Kosegarten schrieb seine Werke in einem Atemzug auf. Nicht nur die Predigten, auch die Romane entstanden schnell. Für *Ida von Plessen* hat er fünfzehn Tage gebraucht. Halb so lange haben ihn *Bianca* und *Adele Cameron* beschäftigt, sofern man seinen eigenen Aussagen Glauben schenkt. Dafür war er aber dann ganz dabei und ließ alles andere stehen und liegen. *Jukunde,* diese *ländliche Dichtung im 5 Eklogen* erwies sich als wahrer Bestseller damals. Von 1803 bis 1843 erlebte sie sechs Auflagen.

Kosegarten dichtete aus innerem Antrieb heraus. Er sah die Handlung, die Personen, die Natur vor seinem inneren Auge und hatte *äußerste Not, alles niederzuschreiben.* Er schildert seine Art zu Dichten freimütig: *Auch vermochte ich weder zu essen noch zu schlafen in solchen Zuständen. Ich war abwesend in der Mitte der Meinigen und der uns etwa besuchenden Fremden. Ich fuhr fort zu dichten wachend und träumend, während der Mahlzeiten, während der gesellschaftlichen Unterhaltungen und selbst während der kirchlichen Verrichtungen.* Manchen seiner Dichtungen ist das anzumerken. An dem Geschriebenen zu feilen oder es zu überarbeiten lag ihm fern. War ein Werk fertig, so kümmerte er sich nicht mehr darum. Die Mahnungen seiner Dichterfreunde ignorierte er großzügig.

Dafür nahm er sich alle Zeit zu ausgedehnten Wanderungen. Wallfahrten nannte er sie. Mit den *Briefen eines Schiffbrüchigen* wollte er die Besucher ermuntern, selbst die Wallfahrten nachzugehen. Und sie kamen in Scharen.

J. F. Bolt, Titelkupfer zur *Inselfahrt,* 1804

Zwölf Jahre später, 1804, ließ er in der *Inselfahrt* das Paar Aloysius und Agnes mit Freunden nach Hiddensee übersetzen und widmete dieses Buch *Unserer Königin.* Aloisius und Agnes wurden sich auf dieser Fahrt ihrer Liebe bewusst und die im Gewitter bestandene Gefahr befestigte sie. Die Schilderung der Landschaft belebt das Buch. Natur wird – viel stärker als in den *Briefen eines Schiffbrüchigen* - zum spirituellen Erlebnis. Hier ist es der Hiddensee-Wallfahrer Aloisius, der den höchsten Berg der Insel, den Dornbusch, erklimmt und dann dem *heiligen Ostmeer* als Manifestation *des Ewigen* gegenübersteht:

*Ausgedehnt bis zum fernsten Saum der ätherischen Wölbung,*
*Lag vor des Jünglings trunkenem Blick das heilige Ostmeer,*
*Feierlich rauschend, geregt von der Ewigen mächtigem Athem.*
*Robben ruhten geschart am kieselgepolsterden Meerstrand*
...
*Aloysius stand anstaunend die Wunder der Meerwelt,*
*Maß mit grüßendem Blick die Tiefe des grausigen Abhangs,*
*Schauete liebend sodann in die weite wogende Ferne,*
*Trank wollüstig des reinen Äthers, entblößete lechzend,*
*Stirn und Brust dem erfrischenden Hauche des kosenden Lüftchens,*
*Das aus der See aufathmend das Haar ihm hob, und der Schläfen*
*Brand sanftschmeichlend ihn kühlte. Verklärter strahlte das Aug´ ihm,*
*Und zum Unendlichen trug den Geist des Unendlichen Anblick.*

Auch hier lässt Kosegarten den Inselpastor ausführlich und lange predigen und fügt Legenden ein. An einem verregneten Abend auf Hiddensee, als die Freunde nach etwas Lesbarem im Hause suchen, reicht *Isore* aus dem Schrank ein *wohlbetagtes* Buch, *verblasst war gänzlich der Schnitt, und der Deckel zernagt vom Zahn des Demestes.* Aloisius liest *die Geschichte des Liebens und Leidens der heiligen Agnes,* eine Geschichte, *wo noch stählte der Glaube das Herz, und die Liebe die Brust hob.*

Es folgen noch die Legende der heiligen Kunigunde und der heiligen Dorothea, bevor die nötige Bettschwere erreicht war. Die *Inselfahrt* bildete gleichsam den literarischen Schlusspunkt zu Kosegartens Altenkirchener Schaffen. Er wollte sich noch einmal *am Rande seiner dichtenden Laufbahn einen Denkstein setzen.* Im Vorwort wies er darauf hin. Auch hier dichtete der Pfarrer. Die 2. Ekloge, eine *Betfahrt,* enthält die Schilderung eines Gottesdienstes in der Inselkirche von Kloster. Eine Predigt über Psalm 29 in 135 Hexametern! Er rühmt die Sprache der Natur:

*Freunde, das Leben im All' ist ein tausendzüngig Gespräch nur.*
*Was nur lebet, das spricht; die Sprach' urkundet das Leben.*
*Alles spricht mit Allem ...*

Er geht auf die Nähe zum Meer ein:
*Selig wir, die wir wohnen am Saum der großen Gewässer!*
*Uns spricht täglich an's Herz ernstmahnend die Stimme des Weltmeeres.*

Nach einer apokalyptischen Weltuntergangsschilderung tröstet der Pfarrer die Gemeinde:
*„Wir sind Seines Geschlechts." In dem Unvergänglichen leben,*
*Weben und sind wir, und bleiben bei Ihm, und rinnen vollendet*
*Wieder zurück in das alte Meer, in Deinen Abgrund,*
*Der Du warst und bist und seyn wirst ewiglich.*

Kosegarten bezieht sich hier auf die *Areopagrede* aus der Apostelgeschichte, in der Paulus den Athenern im Freien den unbekannten Gott deutet als den, *in dem wir leben, weben und sind* (Apg. 17,28). Pantheistisch ist Gott überall.

Seine in der *Inselfahrt* sich abzeichnende Beschäftigung mit Legenden führte noch im selben Jahr zur Herausgabe von zwei Bänden. Er widmete sie dem Österreichischen Kaiser und der Kaiserin wohl in der Erwartung, dass diese Art Literatur eher in der katholischen Kirche Anklang und Würdigung finden kann. Darin täuschte er sich gründlich. Seine sinnliche Art der Nacherzählung fand kein Gefallen. Das Kaiserpaar lehnte auf Grund eines Gutachtens der Wiener theologischen Zensoren die Widmung ab und verbot die Verbreitung der Bücher in ihren Staaten.

Kosegarten übertrug die Legenden aus dem Latein des Mittelalters und dem Niederdeutsch des sechzehnten Jahrhunderts in die Sprache seiner Zeit. Gottfried Keller benutzte diese Legenden, auch wenn er sie *in einem läppisch frömmelnden Stil erzählt* empfand, mehr als fünfzig Jahre später als Vorlage für seine *Sieben Legenden*.

Die Berührung mit mystischem Gedankengut nahm zu. Kosegarten beschäftigte sich mit dem Werk von Jeanne Marie de la Motte Guyon. Erst ein Jahr vor seinem Tod veröffentlichte er seine Übersetzung ihres Werkes *Die Ströme*.

# 7. Zerstörung der Idylle

## 7.1 Innere Krise

Was brachte Kosegarten dazu, dass er sein eigenes Wirken so kritisch sah, wie es ein Brief an einen Pastor der Brüdergemeinde in Wuppertal belegt? Der Verlust zwei seiner Kinder mag sein seelisches Gleichgewicht schwer erschüttert haben.

*Ihr Guten und Weisen und Reinen,*
*Ihr Seelen ohne Schuld und ohne Freude,*
*Ihr Gebrochenen in der Knospe,*
*Ihr Erstickten in der Blüte,*
*Ihr bürget, wer wir seyn,*
*und wer wir werden.*

Das konnte er ihnen nachrufen. Seine Gedanken blieben bei den Kindern. Sein *Lebens Hauch bläst schwer und schwül.* Im Dichten fand er ein Ventil für seine Trauer. Auch dieses Gedicht der Trauer, *Abends unter der Linde,* hat Schubert vertont. Es beginnt:

*Woher, o namenloses Sehnen,*
*Das den beklemmten Busen presst?*
*Woher, ihr bittersüßen Thränen,*
*Die ihr das Auge dämmernd nässt?*
*O Abendroth, o Morgenbliz,*
*Flimmt blasser um den Lindensitz.*
...

Er spürte immer noch die Nähe seiner Kinder:

*Seyd ihr es, die ihr mich umschwebt?*
*Ich fühle eures Atems Kuß,*
*O Julie! O Emilius!*

Und doch wusste er, er muss sie loslassen. Sein Trost ist die biblische Verheißung von Gottes Nähe in der Ewigkeit:

ren Vorwürfen beschwerten sie sich, dass er sie verraten und verkauft hätte. Es verschlug ihm die Sprache. Er zog sich zurück. Seine Frau stellte sich schützend vor ihn und *verwies dem ungeschlachten Volk seine Unart und Dummheit.* Sie machte ihnen klar, wie er sich Tag und Nacht für sie zerarbeitete *und mit welchem Undank* sie ihn dafür lohnten. Beschämt gingen sie davon.

Das zeigt, dass sie eine couragierte und kluge Frau war. Wie Christiane Vulpius, Goethes Frau. Diese hatte ihren Goethe aus Lebensgefahr vor den Franzosen gerettet, was er ihr dankte, indem er sie nach zwei Jahrzehnten Zusammenlebens ohne Trauschein 1806 heiratete.

Die Franzosen blieben fast ein Jahr. Den älteste Offizier, Kapitän Martin, nahm Kosegarten bei sich auf. Es hatte sich herumgesprochen, dass hier ein Dichter residierte. Jeder, der etwas auf sich hielt, wollte ihn sehen ohne aber eine Zeile von ihm gelesen zu haben. *Diese Visiten waren mir äußerst lästig,* bemerkte er. Zumal er nicht so gut französisch sprach, um sich frei auszudrücken.

Kosegartens Sohn, der fließend französisch sprach, dank seines Jahres in der Schweiz, hätte dem Vater helfen können. Er provozierte aber nur. Er steckte weithin sichtbar schwedische! Flaggen auf Spielzeugboote, die er auf dem Teich vor dem Eingangsbereich fahren ließ. Hatte Kosegarten überhaupt noch Zeit für die Familie?

Für alles war er zuständig, für die Quartiere, für die Proviantzuteilung. Täglich kamen neue Forderungen nach Holz zum Heizen der Wache und Arrestlokale, nach Leder für den Regimentssattler, Kohlen für den Schmied, Leinwand für den Schneider, Papier und Siegellack, Federn und 1000 kleine Dinge. Dazu die Schreibereien. Alles musste quittiert werden. Die meisten konnten nicht schreiben. Selbst das Brot teilte er aus und sorgte dafür, dass auch die Armen bedacht wurden. Als Heizung und Licht knapp wurden, sparte er zuerst bei seinem Studierzimmer. Er benutzte es ohnehin nur Samstags und Sonntags zur Predigtvorbereitung. Als ihn ein Adjutant des Obergenerals, der seine Bibliothek zu sehen wünschte, besuchte und dabei im Kalten saß, war dieser so empört, dass er sich über die Zustände bei der Landesadministration beschwerte. Die Lieferung des daraufhin versprochenen Holzes zum Heizen erlebte Kosegarten nicht.

Von Idylle keine Spur mehr. *Es war die Zerstörung meines bisherigen Lebensglücks ... Die alte Einfalt war dahin ... Selbst die Sprache ward anbrüchig und artete in unausstehliches Kauderwelsch aus, das mir Ekel erregte. Das Volk verwilderte. Die Sitten verfielen. Die Dirnen hängten sich an die fremden glatten Buben. Die Kinder gingen verwahrlost umher und sahen und hörten wenig Gutes. Die Gottesdienste wurden zwar noch besucht, allein das Feuer der Andacht war erloschen. Mein schönes Zion drohte umzuschlagen in ein verwildertes Edom. Meine Paradiese lagen wüste. In meinem Saronsgarten wühlten die Säue ... Was Wunder dann, wenn Trübsinn und Mißmuth mich übermannten, und eine finstere Melancholie an der Wurzel meines Lebens nagte.*

Kosegarten wurde krank. Er erlebte sich als auffahrend und jähzornig. Er zog sich zurück. Überall waren die Belagerer, im Haus, im Garten, auf dem Feld. Die Kirche blieb ihm als Fluchtpunkt. Stundenlang wandelte er dort auf und ab. Las in den Psalmen: *Wenn der Herr die Gefangenen Zions erlösen wird, so werden wir sein wie die Träumenden ...*

Sein Körper gehorchte ihm nicht mehr. *Eine Müde, eine Schwere empfand ich. Es lag mir wie Blei in den Röhren.* Schon nach zwanzig Schritten musste er sich setzen. Er fühlte und glaubte, dass es die Umstände waren, die ihn krank machten. Er suchte nach einer Veränderung.

Sein erster Gedanke war, nach Schweden zu gehen, um wie Arndt dort Asyl zu finden. Er kannte den König. Dieser war ihm wohl gesonnen. So schrieb Kosegarten einen Brief und gab ihn bei passender Gelegenheit einem schwedischen Soldaten mit. Die Antwort blieb aus. Denn der König wollte und konnte sich nicht ebenso eines Schleichweges bedienen. Kosegarten erwog, um Urlaub zu bitten, einen Diakon einzusetzen und in seine Heimat zurückzukehren.

Da trat das Ereignis ein, welches sein Leben von Grund auf ändern konnte. An einem sonnigen Apriltag im Jahre 1807, als Kosegarten mit Kapitän Martin vor der Tür saß, sprengte ein Husar in den Hof und meldete, dass Marschall Soult in der Nähe sei und ihn zu besuchen wünschte. Er wurde gebeten, für ein Frühstück zu sorgen. Der Kapitän, der die Frauen des Hauses schon längst hatte merken lassen, dass ihre Kochkunst nicht viel tauge, übernahm zur Ehrenrettung die Küche selbst, *ließ Eier sieden, Rippen rösten, Makkaroni braten, die Saucen und Salate bereitete er selber.*

Eine Menge Generäle und Majore begleiteten den Marschall. Bei Tisch ging es entsprechend fröhlich zu, erzählte Kosegarten in der *Geschichte seines 50. Lebensjahres: Der Marschall, der sonst sehr ernst und fast sauer sieht, ward immer offener und heiterer.* Sie konnten sich über den *Geist des Christentums* unterhalten. Der Marschall hatte dies Werk Chateaubriands gerade gelesen. Seine Frau war eine Deutsche, was seine Vorliebe für die

Deutschen bestärkte. Er wollte auch Kosegartens Familie sehen. Seine Gattin bat, entschuldigt zu sein. Die Kinder mussten kommen. Sie sträubten sich. *Ganz trotzig stand Gottfried da.* Schwieg. Umso mehr Eindruck machte die Schwester. Sie zeigte ihre Bilder, spielte Klavier. Der Tag verging. Bevor sie aufbrachen, äußerte der Marschall, *er glaube bemerkt zu haben, ... daß weder ich noch meine Kinder hier an ihrem rechten Platz wären.* Und er versicherte abschließend, solange er diese Provinz verwalte, wollte er sich für Kosegarten einsetzen.

Kosegarten wusste nicht sofort darauf zu reagieren. Aber als er nach wenigen Wochen erfuhr, dass neue Truppen einrücken sollten und zwar alle vierzehn Tage im Wechsel, kam ihm bei seinen Wandelgängen durch die Kirche der Gedanke, sich um die Professur für Geschichte und griechische Literatur in Greifswald zu bewerben. Die Stelle war seit mehr als einem Jahr frei. Die anderen Professoren der philosophischen Fakultät hatten Ernst Moritz Arndt vorgeschlagen. Dieser hatte sich aber vor den Franzosen nach Stockholm abgesetzt. Mit seinem 1806 erschienenem Buch *Geist der Zeit* hatte er sich als Franzosenfeind zu erkennen gegeben.

War eine Professur mehr als drei Monate vakant, hatte die Regierung das Recht, sie mit einem qualifizierten Subjekt neu zu besetzen. So schrieb Kosegarten an Marschall Soult, *...daß dieses Amt, welchem mit Erfolg vorzustehen, meine historischen Studien und Schriften mich hoffen ließen, mir verliehen, zugleich aber mir verstattet werden möge, mein Pfarramt daneben zu behalten, und während der akademischen Curse dessen Geschäfte verwalten zu lassen durch einen ... von mir zu berufenden und zu salarirenden Diaconus.*

Die Antwort traf vierzehn Tage später am Pfingstmontag 1807 im Morgengrauen ein. Im Namen des Kaisers wurde Kosegarten zum Professor berufen. Kosegarten empfand die Wahrheit des schönen Bildes: *Wenn der Herr die Gefangenen Zions erlösen wird, dann wird uns sein wie den Träumenden* (Psalm 139).

Als erstes eilte er zu *seiner schlaftrunkenen Gattin,* der er zuvor nichts von seinen Bemühungen gesagt hatte. Umso größer ihre Freude. *Denn auch sie hatte ... von den Plagen dieser schweren Zeit mehr zu tragen gehabt, als ihre Schultern vermochten. Nur die Kinder schienen nicht so zufrieden. Alwina tröstete sich, das einsame Wittow zu vertauschen mit dem geselligen Greifswald. Gottfried wäre lieber noch zu Hause geblieben bey seinen Thürmen, Flotten und Burgen. Der jüngsten, Emma, tat es leid sich von den Glucken, Hühnern und Küchlein zu trennen. Aber die sollten ja auch alle mitkommen.*

Sofort den nächsten Tag fuhr Kosegarten nach Stralsund um den Amtseid abzulegen. Das war notwendige Voraussetzung, um die Professur in Greifswald anzutreten. Er schwor, *daß man die Einem anvertraute Autorität benutzen wolle, um Ordnung und Ruhe im Lande zu erhalten, dass man zu den Maasregeln mitwirken wolle, welche für den Dienst der Kaiserlichen Heere getroffen werden müssten, und dass man endlich aller Korrespondenz mit dem Feind sich enthalten wolle.*

Kosegarten betonte in der *Geschichte seines fünfzigsten Lebensjahrs*, dass dieser Eid nichts enthielte, was von seinem Gewissen nicht unbeschadet gehalten werden konnte. Aber, wes Brot ich ess, des Lied ich sing.

Dass Kosegarten den Feinden einen Eid schwor, nahm man ihm zeitlebens in Greifswald übel. Damit aber war Kosegarten ordentliches Mitglied der Universität in Greifswald.

Die Einwohner Wittows waren entsetzt über seinen Entschluss, die Gemeinde zu verlassen. Erst mit seinem Fortgang wurde der Gemeinde klar, was sie an ihm gehabt hatte. Während der letzten Zeit hatten sie ihn doch *mit mancherley Ausbrüchen der Unart und des Undankes schmerzlich gekränkt und betrübt.* Kosegarten tröstete sie, Greifswald sei nicht so weit entfernt: *Und dereinst wolle er für immer zu ihnen zurückkommen.* Außerdem wollte er nicht eher von dannen ziehen, bis dass er einen geeigneten Mann gefunden hätte, der ihn nicht nur ersetzen, sondern auch *überholen* und *sogar verdunkeln* mochte. War er nicht schon gefunden?

Der einzige, der für ihn in Frage kam, war Hermann Baier. Als Hauslehrer seiner Kinder hatte er ihn kennen und schätzen gelernt, so dass er zu den Angehörigen seines Hauses zählte. Baier warb um die Hand seiner Tochter Allwina und Kosegarten traute die beiden am 15. Oktober 1809 in Greifswald. Als Vikar kam Hermann Baier nun nach Altenkirchen – das war allemal besser als Hauslehrer. Die Gemeinde stimmte dem zu und Kosegarten führte ihn selbst am 10. Sonntag nach Trinitatis im Auftrag des Generalsuperintendenten Schlegel ein. Auch Schleiermacher legte im Gottesdienst seine Hand segnend auf den neuen Pfarrgehilfen.

Da sein Schwiegersohn als Vikar noch nicht zum Nachfolger ernannt werden konnte, bezog Kosegarten die reichen Einkünfte weiter und bezahlte selbst seinen Nachfolger, was ihm später von den Kollegen übel genommen wurde. Wie seine Tochter und sein Schwiegersohn darüber dachten, erfahren wir nicht. Wollte er sich damit die Möglichkeit zur Rückkehr offen lassen? Sicher. Er jedenfalls wollte *dereinstens für immer zu ihnen zurückkehren* und seine Tage *in ihrer Mitte beschließen.*

Caspar David Friedrich, Mondaufgang am Meer, 1822

# 8. Kapitel Professor in Greifswald 1808 - 1818

Jetzt konnte Kosegarten ohne Bedauern alles verlassen: *Nie haben wir uns zurückgewünscht zu den Ägyptischen Fleischtöpfen in Mitte der dürren Wüste ...* Die Familie nahm Besitz *von einem weiten wüsten Hause, innerhalb dessen ganz leerer Wände unsere Tritte dumpf wiedertönten. Da war nicht Tisch noch Bank; nicht Bett noch Polster. Es fehlten die Vorräthe, es fehlten die Bücher; es fehlte Alles.*

Kosegarten vermochte auch das im glücklichen Licht zu sehen. Denn : *Alles ersetzte uns der tiefe Friede.* War der Friede wirklich so groß? Einem Amtsbruder in Berlin wird er 1810 schreiben: *Während sie dorten wachsen, sind wir hiesigen Ortes in fortwährendem Abnehmen.*

Diese letzten zehn Jahre, die Kosegarten als Universitätsprofessor in Greifswald lehrte, waren durch politische Unruhen und Krieg überschattet. Die Besetzung des Landes durch die Franzosen mit steigenden Abgaben und Einquartierung der Soldaten nährte den Hass der Bevölkerung und führte zum Anwachsen des deutschen Nationalismus. Infolge des verheerenden Russlandfeldzuges 1812 erstarkte das nationale Bewusstsein. Die Gegner Frankreichs, die Koalition von Preußen, Russland und Österreich, errangen den entscheidenden Sieg in der Völkerschlacht bei Leipzig (16.-19.10.1813) und ganz Europa befreite sich 20 Monate später in Waterloo von Napoleons Alleinherrschaft.

Die Führungselite Europas mit Staatsoberhäuptern und Diplomaten traf sich auf dem Wiener Kongress und erarbeitete Richtlinien und Grundlagen für einen zukünftigen Frieden. Viele deutsche Nationalisten waren bitter enttäuscht über die Ergebnisse des Kongresses. Setzte er doch die vergangenen Herrscher, wo immer möglich, wieder ein und bevorzugte das Prinzip der Erbmonarchie.

Als Kosegarten im August 1808 nach Greifswald kam, wich die Stille, die er bei seiner Ankunft empfand, bald öffentlichen Debatten bitterster verletzender Art gegen ihn. War er doch durch die französische Besatzungsmacht offiziell ins Amt eines Universitätsprofessors ernannt. Wie alle Greifswalder Bürger musste er die Einquartierung französischer Soldaten in seinem Haus akzeptieren. Hier konnte er keine Vorkehrungen treffen wie in Altenkirchen, dass die Soldaten in anderer Leute Wohnung untergebracht würden. Er zog in Greifswald viermal um, bevor er 1817 in das Pfarrhaus von St. Jakobi übersiedelte. Über der Eingangstür des zweistöckigen Hauses mit den hohen Fenstern erinnert noch heute eine Gedenktafel an ihn.

Spät, mit 50 Jahren, begann Kosegarten seine letzte Karriere als Universitätsprofessor. In freier Rede als Prediger geübt, fesselte er die Studenten mit seinen Vorlesungen: Über die *Geschichte der Deutschen und anderer Staaten*, mit Pindars *Gesängen* und den *Reden* des Demosthenes, mit der *Geschichte der Kreuzzüge, der griechischen Literatur*, mit Homer und der *Orestie* des Äschylos ... Während seiner siebenjährigen akademischen Laufbahn bereitete er 36 Kurse vor, davon die Hälfte zur Geschichte, die andere Hälfte zur griechischen Antike.

Er verteidigt sich gegen Schleiermacher, der das 50. Lebensjahr als Wendepunkt festsetzte, *wo es dem Akademiker gebühre, aus der Reihe der Redenden sich zurückzuziehen in die Reihe derer, die da hören.* Seine Vorlesungen arbeitete er vollständig aus und trug sie dann frei vor, wie er es bei den Predigten gewohnt war. Ab 1814 hatte er den Vorsitz über die Bibliothek inne. Das entsprach seiner Liebe zu Büchern. Unentwegt schaffte er neue Literatur an.

In den Jahren 1812, 1814 und 1816 wurde er zum Dekan der philosophischen Fakultät gewählt. Ungeachtet dessen haben sich die Greifswalder die Mäuler zerrissen über ihn, wenn er in einem weit herabfallenden Mantel gehüllt auf dem lindenumschlungenen Erdwall der Stadt umher wandelte! Nicht zuletzt auch dadurch fühlte sich der durchreisende schwedische Dichter Atterbom durch ihn an den nebelhaften Seegott der Ostsee erinnert. Kosegarten war schon eine imposante Erscheinung. Er kam als ein Weltbürger nach Greifswald. Seine offene Art fand jedoch nicht überall Beifall.

Wie groß die Vorbehalte waren, erschließt sich aus seinen Worten in der *Geschichte seines fünfzigsten Lebensjahres*. Er begegnete einem grenzenlosen Franzosenhass, den er zutiefst verabscheute. Er setzt sich zur Wehr, *es kümmerte sie im Grunde nicht groß, wer ich vormals gewesen ... ich hätte mögen ... stehlen wie Achab, morden wie Doeg, verrathen küssend wie Ischarioth, lügen dem heiligen Geist ins Angesicht wie Ananias und Saphira; wenn ich nur wollte heulen mit den Wölfen, ... fluchen dem Franzosenthum und niederfallen vor dem bleiernen Kalbe, das sie sich gegossen haben, vor ihrem dummen Götzen Teutschthum; dann wäre ich ein rechter Mann und Held.* Das schreibt Kosegarten mit 57 Jahren, dreißig Jahre nachdem er auf dem Königsstuhl Deutschlands Herrlichkeit gerühmt hatte!

Denn für ihn ist die französische *Volkseigenthümlichkeit* genauso achtenswert wie die der Briten und der Deutschen. *Erfrechen sie sich, mich der Ausländerei zu zeihen und des Hochverraths am Vaterlande ... Weil ich gewagt, die Mäßigung zu predigen in den Tagen des Unmaaßes, und die Sitte in Schutz zu nehmen gegen die Rohheit; weil mir gewiedert ihr wüstes Gebrüll, und mir Bauchgrimmen erregte ihre huronischen Schlachtgesänge; weil ich geeifert gegen den neuen Terrorism ... weil ihre gespielte Frömmigkeit mir ein Gräul ist ... weil mich widersinnig, um nicht zu sagen lästerlich dünkt, das Kreuz zu paaren mit dem Schwert ... weil Italiens Entjochung und Polens Herstellung mir nicht minder Sache der Menschheit dünkt, als die Erlösung Deutschlands. Weil das Menschenthum mir höher steht als das Volksthum ... weil die Erdscholle, die mich trägt, mich nicht der Nabel des Universums dünkt ...*

Ist es nicht genau das, was man in folgenden Jahrhunderten Kosegarten verübelt hat? Auf diese Seite machte außer Ziel keine Geschichtssicht aufmerksam. Am meisten Anstoß nahmen seine Zeitgenossen und Kritiker bis heute an der sogenannten *Napoleonrede.*

Am 15.August 1809 übernahm Kosegarten die Rede zum Geburtstag des Kaisers im akademischen Hörsaal der Universität. Die Greifswalder Universität war nach außen durchaus franzosenfreundlich, hatte sie doch schon 1807 beschlossen, dem Marschall Brune den philosophischen Ehrendoktor anzubieten und zum Geburtstag Napoleons im Hauptfenster die Inschrift *NAPOLEONI HERAKLI MUSAGETAE* anbringen lassen.

Kosegarten ließ diese Rede drucken, damit jeder genau nachlesen konnte, was er gesagt hatte. Denn er war sich der Brisanz seine Rede bewusst und nahm darauf in der Einleitung der Rede Bezug (s. Anhang). Mit seiner Rede wollte er die Hörer beruhigen. Im Grunde führte er damit einen Zweifrontenkrieg. Er setzte sich für Napoleon ein und rückte ihn gleichzeitig zurecht.

Er sah in Napoleon den unumstrittenen Helden der Geschichte und wollte dies seinen Widersachern vor Augen stellen. Er begann mit einem Rückblick auf die verflossenen vierzig Jahre. Durch den *Donnerschlag* der Revolution wurde Napoleon auf Korsika geweckt. Ein Volk stand auf gegen seine Unterdrücker und schuf in Napoleon das Bild der *allgemeinen Völker-Erlösung.*

Pathetisch würdigt Kosegarten Napoleons Erfolge. Mit dieser Auffassung stand er nicht allein. Auch Hegel, Goethe und Beethoven sowie viele andere sahen in Napoleon zuerst den völkerlenkenden Genius. Er entwirft darin einen friedliebenden Herrscher, *dem der Apfel der Alleingewalt, überreif, gebrochen durch die eigne Schwere, freiwillig ihm in die Hände* fiel.

*Der achtzehnte Brumaire* (9. November 1799) *erschien, der Tag, von welchem Frankreich seine Wiedergeburt datiert.*

Es sieht so aus, als seien die Kriege und Schlachten nur ein notwendiges Übel, den Frieden herzustellen und darin die Ideale der französischen Revolution von 1789 zu verwirklichen: Freiheit, Gleichheit, Brüderlichkeit. Zugleich würdigte er Napoleon als einzigartigen Gesetzgeber. Es entstand eine Verfassung, *welcher anzugehören keinem leid thun dürfte, dem seine Menschheit und sein Bürgerthum heilig sind.*

Die bestehenden Verfassungen Europas kamen ihm als *zweck- und planlos zusammengestückelte Gebäude vor, darin eine chaotisch gährende Masse einander unaussöhnlich bekämpfender Stände, Klassen und Korporationen ... wer am meisten vermag, am wenigsten leisten solle ... wer am wenigsten besitzt, am meisten zahlen solle. Zur Vaterlandverteidigung wurden verpflichtet nicht diejenigen, welche den vaterländischen Boden besaßen ... sondern solche, welche überall kein Vaterland hatten.* Napoleon nutzte seine Macht, um die Gesellschaft zu den *ersten einfachen Grundsätzen* zurückzuführen. Unter ihm wurden überall *die Fesseln des Volkes gebrochen, des Feudalismus verjährte Missbräuche wurden aufgehoben, die Lasten des Staats von der geplagten Menge wundgeriebenem Nacken abgewälzt und nach gerechtem Verhältnis über die ganze Nation verteilt.* Auch die gerichtlichen Verfahren wurden vereinfacht.

Kosegarten wusste, wovon er sprach. Sechzehn Jahre lang war er selbst Zeuge dieser Missbräuche, hatte sie als Pfarrer hautnah miterlebt und dagegen angepredigt, gedichtet und geschrieben – als ein Zuschauer und Zeuge. *Ein Zuschauer und ein Zeuge ... des Drucks und Elend des Volks, seiner Not und seiner Plagen, seiner Entwürdigung, Entmenschung und Verviehung, dem wird verziehen werden müssen, wenn er nicht allzu trostlos trauern kann über den Untergang von Verfassungen, welche so schreiendes Unrecht Recht sprachen.* Mit dieser Rede nahm er klar Stellung für die napoleonischen Reformen.

Kosegarten erwies sich jedoch als mutig, wenn er Napoleon mahnt, das Versprochene auch einzulösen. Er schließt seine Rede: *Möge er ehren die Geschichte und scheuen die Nemesis und schonen der Menschheit edelstes Recht: das Recht der freien Rede und der freien Type; möge er gedenken, daß er unter Gott sei und nicht vergessen, daß auch seiner die unabwendbare Stunde harre!* Das sagte er in Anwesenheit der französischen Marschalle und Generäle. Eine *Lakaienseele* war Kosegarten nicht.

Selbst bei der Nachauflage 1816 ließ er sich von der Zensur, die alle fraglichen Stellen aus der Rede entfernte, nicht entmutigen und ordnete seinem Verleger Jasper an, diese Stellen sollten durch „..." angedeutet werden. Das wiederum mochte die Fantasie der Leser noch mehr anfachen.

Er wurde nicht verstanden. Seine Gegner warfen ihm mangelnde Vaterlandsliebe vor und verurteilten seine Franzosenfreundlichkeit. In dieser Zeit trennten sich radikal die Wege Arndts und Kosegartens. Den schonungslosen Hass, wie man ihn bei Arndt findet, konnte Kosegarten nicht teilen, einen Hass, der die restlose Vernichtung des Gegners mit allen Mitteln will und kein Völkerrecht anerkennt, dem alle Kriegskünste und Hinterlisten erlaubt scheinen, dem Gott in diesem Falle nur ein Gott der Rache ist.

Für ihn war und blieb Gott ein Gott der Liebe, dem zwar *der Krieg, den wir führen, sattsam gerechtfertigt vor dem Gerichtshof des Natur- und Völkerrechts ist,* für den es aber *keinen heiligen Krieg in des Wortes rechten Sinne* gibt. Krieg steht immer *in einem nie auszugleichenden Gegensatz mit den Vorschriften des Evangelii.* Der Sinn jeden Krieges ist die Aussöhnung mit dem Feind. *Gib unsern Feinden Freundessinn, so ziehn wir heim* dichtet er in den *Vaterländischen Gesängen,* eine Antwort auf Arndts blutrünstige Verse. Kosegarten stellte sich mit den Franzosen auf eine Stufe – es gab keinen Sinn, überhaupt Krieg zu führen:

*Begabt seyd ihr, begabt sind wir,*
*Nicht minder sündig wir wie ihr,*
*Drum lasst uns Freunde sein!*
*Wol schön und groß ist euer Land;*
*Auch unser Land ist weit und schön;*
*Raum ist genug für uns und euch!*

Kosegarten bittet geradezu in seinem *Te Deum* Gott um das Ende aller Tyrannei:

*Steur'und wehr aller Tyrannei*
*Daß Friede rings auf Erden sei.*

Trotzdem findet man in diesem *Te Deum* solche Verse wie:

*O neidenswertes Loos*
*O wollustreiches Sterben!*
*O schön, des Himmels Schoß*
*Also im Sturm erworben!*

War das ernst gemeint oder waren das anbiedernde Entgleisungen? Es traf Kosegarten schwer, dass auf Jahns Betreiben hin auf dem Wartburgfest am 18.10.1817 drei seiner Schriften verbrannt wurden, voran die *Napoleonrede*, die *Vaterländischen Gesänge* und die *Geschichte seines fünfzigsten Lebensjahres*.

Friedrich Ludwig Jahn, zwanzig Jahre jünger als Kosegarten, später bekannt als „Turnvater Jahn", gab 1810 die Schrift *Deutsches Volkstum heraus*, worin er das Rasse-Denken obenan stellte. Ich verdanke diesen Einblick einem Amerikaner, der mit der Sicht von außen diese Seite Kosegartens klar herausarbeitete, Levis M. Holmes.

1815 gründete Jahn die Burschenschaften für Ehre, Freiheit, Vaterland. Juden schloss er von vornherein von der Mitgliedschaft aus. Als Schüler Ernst Moritz Arndts ließ er sich von dessen Gedanken inspirieren. Wenn Arndt dichtete:

*Doch wer für Tand und Schande ficht,*
*Den hauen wir in Scherben,*
*Der soll im deutschen Lande nicht*
*Mit deutschen Männern erben*

so setzte Jahn das um. Die Schläge bekam Kosegarten ab. Lieder wie das folgende bildeten später den Nährboden für die deutsche Expansionspolitik:

*So weit die deutsche Zunge klingt*
*Und Gott im Himmel Lieder singt,*
*Das soll es seyn!*
*Das, wackrer Deutscher, nenne dein!*

Letztlich war Kosegarten ein Opfer dieser Fanatiker. 500 Studenten reisten nach Eisenach und nahmen an der Bücherverbrennung unter Jahn teil. Wo Menschen Bücher verbrennen, fehlen die Argumente.

Kosegarten fühlte sich durchaus als Deutscher. Aber er rief nicht zum Hass gegen die anderen Völker auf. Er entwarf kein Feindbild. Ist es nicht immer einfacher, mit einem klaren Feind zu leben, den man bekämpfen kann? Die Deutschen fühlten sich von Ernst Moritz Arndt angesprochen. Sein Erbe wurde gepflegt. Nach ihm sind Straßen, Schulen, Kasernen und die Universität Greifswald benannt. Nur eine einzige Schule in Wolgast bekam nach der Wende den Namen Kosegartens. Arndt arbeitete am Überlegenheitsmythos der Deutschen und sehnte einen gottgeborenen Helden herbei, *der mit scharfen Eisen und schweren Stock, Scepter genannt* das Reich *zu einem großen würdigen Ganzen zusammenschlagen kann.* Blicke ich zurück, so hat sich dieser „Traum" erfüllt. Ich kann diese Gedanken und Verse Arndts nicht nachsprechen.

Es war der Europagedanke, der schon Kosegarten faszinierte. Aber Kosegarten geriet in Vergessenheit. Heute, wo Europa zusammenrückt, werden seine Gedanken aktuell. Gerade seine Napoleonrede.

War Kosegartens Lebenskraft gebrochen? 1815 bekam er auch die theologische Professur, die an die Kirchgemeinde von St. Jakobi in Greifswald gebunden war. In diesem Zusammenhang musste er sich von Altenkirchen lösen und seinen Schwiegersohn die Nachfolge ganz antreten lassen. An den Buchhändler Johann Christoph Jasper schrieb er am 8.10.1816:

*Theuerster Freund,*

*... Übrigens, mein Theuerster, hat Gott mir wieder eine Freude beschert in meinem Hause. Der König hat nemlich auf meine und der Gemeinde Bitten meinen Schwiegersohn, den Gemahl unsrer Allwina, der bisher nur mein Diakonus gewesen, zum Pastor Substitutus und meinen dermaligen Nachfolger ernannt. Uebermorgen reise ich hin, um nächsten Sonntag Oct. 15. ihn feyerlich zu instituieren. Gedenken Sie unser an diesem Tage.*

*Zeitlebens Ihr getreuer Freund*

*Kosegarten.*

Immerhin erwarteten ihn auch zwei Enkelkinder in Altenkirchen, Therese Catharina war schon 2 Jahre alt und Hermann Allwill fünf. Kosegartens Tochter ging hochschwanger mit dem 3. Kind, das wenig später, am 15. Dezember 1816 geboren und auf den Namen Julius Gotthard getauft wurde. Aber erst mit einem Schreiben vom 28. November 1817 nahm er feierlich Abschied von Altenkirchen und trat sein neues Pfarramt am 1. Adventssonntag an.

Während seine Schriften auf dem Wartburgfest bei Eisenach von der Burschenschaft verbrannt wurden, hielt er eine Rede auf den pommerschen Reformator Bugenhagen in Greifswald. Welch ein Kontrast! Kosegarten würdigte Bugenhagen *als Sohn unseres Landes; als Zögling dieser unserer hohen Schule; als Ordner unserer Gottesdienste endlich, und als Wiederhersteller unserer Kirche.* Als Pfarrer wehrte er sich gegen die *von oben herab und fast gewalttätig aufgedrungenen modernisierten Gesangbücher und Liturgien.* Er wollte seiner Gemeinde *die alten Kraft- und Kernlieder bewahren.*

Was hielt seine Seele in Balance? Die Beschäftigung mit mystischen Schriften? Dieses Thema klingt schon zehn Jahre früher in *Ida von Plessen* an. Seine letzte große Schrift ist die Bearbeitung der *Ströme* der französischen Mystikerin Jeanne Marie Bouvieres de la Motte Guyon (1648-1717): *Der Ströme Lauf zum Meer oder der Seele Heimkehr zu Gott.*

Die Guyon schildert die Stufen des Sterbens und Verfallens des Körpers, die genauso auch das Los der Seele sind. *Es ist nicht alles vorbei mit dem natürlichen Mensch, wenn er gestorben. Er muß begraben werden; er muß in die Verwesung übergehen; er muß in Staub zerfallen. So auch mit dem inwendigen Menschen.* Auch seiner warten Begräbnis, Verwesung, Vernichtung. Und eben diese bilden die drey Stufen des mystischen Todes. Erst dann tritt der Zustand ein, dass die Seele weder liebt noch hasst. *Sie thut nichts Gutes, nichts Böses. Sie thut gar nichts. Sie hat nichts. Sie will nichts. Sie ist nichts.* Erst im völligen Loslassen *glimmt noch ein Funke ... Sterbend hat sie (die Seele) das Leben gewonnen, und im Nichts das All.*

In seiner ausführlichen Einleitung zu den *Strömen* bekennt Kosegarten sich zu *jener höheren Heilsordnung und geheimen Gottesgelahrtheit, die anfängt, wo die Schultheologie aufhört und noch bestehen wird wenn von dieser nicht mehr die Rede sein wird.*

Mystik wird hier zur Reinigung der menschlichen Existenz durch Loslassen von Allem und führt zur völligen Versenkung in Gott bis zum sogenannten *Mystischen Tod.* Kosegarten verinnerlichte diese Gedanken. Er blieb damit nicht allein. Das Buch fand Freunde, denn nach 6 Jahren kam eine neue Auflage. Dann allerdings geriet es in Vergessenheit.

Seit dem Frühjahr 1818 litt Kosegarten zunehmend an Kopfschmerzen und Schwächezuständen. Als sein Kollege, der Geschichtsprofessor Kanngießer, ihn besuchte, fand er ihn im Garten sitzend, den Blick unverwandt auf die Blumenfelder geheftet. Er musste ihn laut ansprechen, um überhaupt bemerkt zu werden. *Da wendete er ruhig sein Haupt und sagte unter anderem: Ich bin schwach und tauge nichts mehr. Viele meiner lieben Studien habe ich für immer aufgegeben. Ich fühle Sehnsucht nach Ruhe. Ich hatte gewünscht, mir einen Zufluchtsort offen zu erhalten; jetzt würd' ich nach Altenkirchen zurückgehen, doch damit ist's vorbei.*

Lag hinter ihm doch ein Kampf mit seinem Schwiegersohn um die Stelle? Er hatte seinen Vorsitz ja gezwungenermaßen abgeben müssen.

Aber konnte das große Pfarrhaus die Eltern nicht mit aufnehmen? Offensichtlich nicht. Sein Lebenskreis schränkte sich ein. Konnte er in seinem Herzen den Satz der Guyon bewegen: *Lobe Gott in deinem Inwendigen, als ob Er und du allein in der Welt wären?*

Er schreibt noch einmal an Goethe. In diesem letzten erhaltenen, sechsseitigen Brief vom 28.7.1818 nimmt die Erinnerung an Altenkirchen breiten Raum ein. Er bringt seine frühen Dichtungen auf Rügen ins Gespräch und bezeichnete sie als ein *seltsames Mischmasch von Ossianischer und Homerischer Bildnerey.* Er erzählt von der neuesten Ausgabe seiner Gedichte, die er nur an gute Freunde verschenke. Aber, bemerkt er: *Ich bin so stolz nicht, Sie, Verehrtester, zu diesen zu zählen.* Doch fragte er: *Haben Sie irgendeinen verlorenen Winkel übrig ... für die acht Bändchen*? Insgeheim wünschte er sich wohl, daß sein Sohn Gottfried sie Goethe überreichte. Goethe hatte Gottfried aufgenommen, damit er ihm durch seine Kenntnisse der orientalischen Sprachen bei der Bearbeitung des *West-östlichen Divan* behilflich sein konnte.

Seit Anfang September 1818 musste Kosegarten die meiste Zeit im Bett zubringen. Darum war Kosegarten auch zu schwach, seinen Sohn zu trauen, der inzwischen in Jena zum Professor für Orientalistik ernannt worden war. Die Schmerzen im Kopf nahmen zu und wurden unerträglich. Er starb am 26. Oktober 1818 morgens um vier Uhr. Seine Frau und seine beiden Töchter standen an seinem Sterbebett.

Bei seinem letzten Aufenthalt in Altenkirchen hatte er sich gewünscht, an der Südseite der Kirche begraben zu werden. Seine Studenten wollten ihn begleiten, aber die Witwe ließ es nicht zu. Nur die engsten Angehörigen und sein Freund Gottfried Quistorp folgten dem Sarg.

Pastor Schwarz aus Wiek hielt am 1. November die Trauerrede über *Daniel 12, 2-3*: Viele, so unter der Erde schlafen liegen, werden aufwachen; etliche zum ewigen Leben, etliche zur ewigen Schmach und Schande. Die Lehrer aber werden leuchten wie des Himmels Glanz, und die so viele zur Gerechtigkeit weisen, wie die Sterne immer und ewiglich.

Ein Menschenalter zuvor hatte Kosegarten selbst dazu geschrieben: *Wir sind hier noch nicht im Sein, wir sind erst im Werden. Wir sind hier nicht in der Vollendung. Wir sind erst in der Vorbereitung ... Dieser Leib aus Staub ist nur die Muschel, und die unvergängliche Perle glänzet ans Licht.*

J. F. Bolt, Kupferstich, Ludwig Theobul Kosegarten, 1800

## Nachwort

Was bleibt?

Je mehr man sich mit einem Menschen beschäftigt, desto vielschichtiger wird seine Persönlichkeit. Einem Menschen gerecht zu werden ist schwer und bleibt wohl immer eine subjektive Momentaufnahme. Kosegartens Art zu predigen füllte die Kirchen. Mit seinen aus dem Herzen kommenden Worten erreichte er die Zuhörer. Doch nicht nur in seinen Predigten bezieht das geschriebene und gesprochene Wort Kraft und Überzeugung aus der Einheit von Denken, Fühlen und Tun. Das macht ihn trotz mancher - vielleicht allzu gefühlvollen - Überhöhung so glaubwürdig.

Kosegarten besaß die Gabe, den Alltag dichterisch-wortreich zu verklären. Auch für ihn gilt die Definition der Romantik im Sinne von Novalis: *Indem ich dem Gemeinen einen hohen Sinn, dem Gewöhnlichen ein geheimnisvolles Ansehn, dem Bekannten die Würde des Unbekannten, dem Endlichen einen unendlichen Schein gebe, so romantisiere ich es.*

Nach dieser Definition von Novalis romantisierte auch er das Leben. Die Natur wurde ihm Symbol. Als Wiederschein der Gottheit wird sie Offenbarerin Gottes. Wo der Mensch das erkennt und teilhat daran, kann er einstimmen in *das Lob der Liebe* und nachempfinden: *Hier ist gut sein.*

Bei der Beschäftigung mit den Werken Kosegartens wurde ich aber nie das Gefühl der Ambivalenz los. Einerseits entdeckte ich ermutigende Gedanken, Gedichte, die wirklich Perlen sind, andererseits aber Texte, bei denen ich nur stöhnen konnte: so ein Schwulst. Vielleicht liegt es außer an dem Stil der Zeit auch daran, dass sich hier einer seine Idylle baut und verklärt. Zugleich aber gibt es daneben immer auch das Erhabene, das den Menschen staunen lässt und ihn erschüttert angesichts der Unendlichkeit und Gewalt der Natur, das ihn demütig und bescheiden werden lässt. Oft malte Caspar David Friedrich diese Kosegartensche Sicht auch in seinem Landschaftsgemälden, z.B. in dem Bild vom *Mönch am Meer*.

Natürlich ist uns die Romantik auch heute noch – oder wieder? – nahe. Wer sucht nicht die heile Welt, die Idylle? Aber Vieles hält der Realität nicht stand – schon damals. Wo das Romantische überzogen wird und das Leben ersetzen will, gerät es leicht ins Unerträgliche. Die Idylle hielt bei Kosegarten dem Leben nicht stand.

Kosegarten blickte immer wieder kritisch auf sein Schaffen zurück. Nicht zuletzt auch deshalb verließ er Altenkirchen. Die Professorenjahre in Greifswald lagen fernab jeder romantischen Idylle.

Seine spätere Wendung zur Mystik jenseits des Idyllischen und Erhabenen gab ihm dann Halt. Mit seiner Vision des Wirklichen - sei es im Sinne des Idyllischen, des Erhabenen oder der Mystik - nahm er Stellung gegen soziale Ungerechtigkeit sowie gegen nationalistische Verengungen. Als Vorbote der Romantik haben mich der Mensch Kosegarten und sein Werk interessiert. In seiner Vielschichtigkeit und gefühlvollen Aufrichtigkeit kann er uns heute noch berühren und ansprechen.

# Anhang

## Aus Kosegartens Gedichten
## zum Teil gekürzt

### Stubniz und Stubbenkammer

Wer bist du, Hain, der dicht und wild
Sein Buchenträchtig Felsenhaupt
Der Sonn entgegen bäumt?
Du bist der Hertha Hain. Du bäumst
Die hohe Scheitel Sonn hinan
Zweyhundert Hufen lang.

Sei mir gegrüßt, o Hertha Hain!
Mit heilger Scheu, mit Göttergraun,
Beschreit' ich deine Nacht –
Wie dunkel ist die Nacht! Es steht
Die Mittagssonn am Himmel – doch
Ist Mitternacht im Wald!

Mich wehen leise Schauer an
Es geht im dichten Buchenwald
Berg auf Berg ab. Und rings
Ists still und dunkel. Wechselnd fasst
Mich Sonnenglut und Winterfrost,
Und sträubt mein strömend Haar.

Seid ihr des Tempels luftig Thor,
Ihr Zwillingshügel, rund und glatt
Und Moos bedeckt – Ihr seids
Tiefschauerns thut sich Hertha Burg
Fern dämmernd vor mir auf, umkränzt
Mit hohem Felsenwall.

Wie brüllt das Meer – wie saust der Wald.
Wie rauscht der blutge Opferstein!
Der schwarze Pfuhl erdampft.
Das Messer glüht – der Stein erdampft
Von lauem Menschenblut. Das Meer
Erbrüllt. Es saust der Wald.

Mich schauert schauernder! Mein Fuß
Entwankt der grauenvollen Nacht,
Dem mondgeweihten Hain.
Daher durch Waldes Dunkel wallt
Das weite Weltmeer, blau und hehr
Und herrlich anzuschaun.

Anbetend dich zu schaun, den Fuß
O Erdesaugend Meer, in dir
Zu nässen, dräng ich mich
Das Dickigt durch – des Waldes Nacht
Wird Dämmerung - Ha! Da steh ich schon
Am Rand der Uferwand.

Ha Babel-Ufer! Schwindel packt
Den Nimmerschwindelnden vor dir,
Vor dir! Du spaltest dich,
Weils steil und schroff und scharf und glatt
Dreihundert Klafter tief hinab,
Und trinkst die Meeresflut.

Hinab den engen Zackenpfad!
Hinab durch Strauch und Busch; ich muß
Die Wand Meer aufwärts schaun.-
Hie bin ich. Ha! Wie tobt die Flut,
Wie schäumt, wie sprützt sie, geißelt wild
Den buntgedämmten Strand!

Am hohen Ufer donnernd bricht
Die Brandung sich, ermannt sich, kehrt
Mit neuem Graun, und stäupt
Die alte Felsenwand – Umsonst!

Sie steht und beut der Schäumenden
Die schaumbesprützte Brust.

Und wär die Wand gediegen Eis,
Und wär wie Chimbarossa hoch
Und schroff wie Teneriff –
Hinan muß ich die Trotzige
Wie höhnt, wie trotzt sie! Trotzerin,
Ich höhne deinem Hohn! –

Nun klimm ich freudig. Mich vorbei
Rollt mancher dürre Buchenstamm
Manch morsches Felsenstück!
Ich aber klimme freudig. Fern
Rauscht hinter mir das laute Meer,
Und oben rauscht der Wald!

Wie wird mir! – Ha wie schwul! Mein Fuß
Ermattet. Meine Zunge lechzt –
Die dürre Lippe birst.
Hinan, hinan mit müdem Fuß,
Mit dürrer Zung und wunder Hand,
Dem Trotzigen hinan!

Getrost! Die hohe Felsenfahrt
Ist halb vollendet – Abentheuer
So weiß! So groß! So graus!
Wer seid ihr Ungeheuer, wer?
Hat Euch zu Hütern ihres Hains
Die Göttin hergebannt?

Doch risch hindurch! Und rasch hinan!
Zwar steiler, jäher, schlüpfriger
Wird jetzt die Kreidewand –
Doch frisch hinan! Hervor mein Schwert
Und stütze in die Wand gespießt,
Ein goldner Pfeiler, mich!

Viel ist des Wegs noch – Gleitender
Und glatter thürmt die Wand – Mein Fuß
Erlahmt – Mein Odem lechzt
Mein Schwert erstumpfet. Meine Hand
Erweicht und färbt die weiße Wand
Mit ihrem rothen Blut!

Wie ächzt des Hutes Silberband,
Wie starrt das Busenband, das mir
Von Hulda Kunde ziert
Sie trauern – und ich jubl', ich ruh
Auf einem schwanken Buchenast
Und schauckl' in hoher Luft.

Getrost schon rauscht das Haingeräusch
Mir näher. Näher schon erspäht
Mein Blick den Felsenrand.
Getrost! Getrost! Der Trotzige
Zwar dräut mit vorgeworfner Stirn
Dem Klimmer, Sturz und Todt –

Frohlockst du Feind! Frohlocke nicht!
Zwar harren lauernd Sturz und Tod
Und Meerbegräbnis mein
Bey jedem Schritt – Doch schau! Ich spann
Der Fersen letzte Kraft, und schwing
Mich hoch auf deine Stirn! –

Sey mir gegrüßt im Sonnenstrahl
Gegrüßt du kühn erklommner Fels,
Gegrüßt, o Königsstuhl!
Du meines deutschen Vaterlands
Erhabner Markstein, rufe fern
Dem Meerbewandler zu!

Steh still, du Meerbewandler! Steh
Und neig dein Haupt und beug dein Knie
Vor Deutschlands Herrlichkeit,
Denn groß ist Deutschland. Seine Kraft
Ist voll wie Meeresflut, und wild
Wie diese Uferwand!

*Auf dem Rückweg von diesem Kreideufer, im Erndtemond 1777* ins Sagarder Stammbuch geschrieben, *Gedichte* Band I, 1788, S. 239-247. In den *Poesien* Band I von 1798, S.180-183, bearbeitet und verkürzt Kosegarten dieses Gedicht seiner ersten Rügenbegegnung in eine besonnenere Fassung von 12 Strophen, die dadurch aber ihren dynamischen Charakter einbüßt.

**Arkona**

Die Sonne neigte sich. Zu athmen nach der Schwüle
Und nach der Last des Tags des Abends frische Kühle,
Entriß ich lechzend mich der Mauern dumpfer Brand,
Und wandelte hinab zum schöngebognen Strand.
Kein Lüftchen kräuselte des Meerer Spiegelglätte.
Der Seehund sonnte sich auf dem granitnen Bette.
Die Taucher plätscherten, es scherzten Möw'und Schwan
Im blauen Ozean.

Und tiefer sank die Sonn'. Getaucht in Rosengluthen,
Bespühlt den rauen Fuß mit düstergrünen Fluten,
Lagst du, der Väter Stolz, der alten Rugia
Gepriesnes Kapitol, Arkona, thürmend da.
Ich nahte mich, erklomm des Burgrings schroffe Zacken,
Beschritt mit dreistem Fuß des heilgen Hügels Nacken,
Und schaute schrankenlos fern über Land und See
Ins Unermessliche.

Wie schwoll die Brust, wie schlug in immer raschern Schlägen
Dem ungemessnen Raum das rege Herz entgegen!
Den lautern Ätherstrom, so labend, frisch und rein,
Wie lüstern schlürften ihn der Lunge Röhren ein!
Der eingepreßten Brust entstürzten Felsenblöcke;
Dem zugeschnürten Aug' entrollten Bind' und Decke;
Des Stoffes Rinde borst; der Schwere Fessel sprang.
Der trübe Nebel sank.

Und tiefer sank die Sonn'. Schon küßten ihn die Wange
Der Wogen Wallungen, doch schauernd noch und bange.
Noch warf die Liebende des Abschieds milden Blick,
Den Blick des Lebewohls auf ihre Welt zurück.
Noch glühten, angeblitzt von ihrem letzten Strahle,
Der Dünen Silberschnee, die grauen Heldenmaale.
Jetzt tauchte sie ... so taucht ein Menschenfreund ins Grab ...
Die blaue Flut hinab.

Fahr wohl, allmildes Licht! Erseufzt' ich, schaute sehnend
Der Heimgegangnen nach; und staunend, träumend, wähnend,
Verlor ich mich, bis mir die Wirklichkeit verschwand,
Und rings vor meinem Blick ein selig Eden stand.
Ein magisch Licht umschwamm die schimmernde Musive
Der Landschaft; sanft verschmolz in blauer Perspective
Die Ferne; rings umfloß ein heilig Dunkelklar
Arkonens Hochaltar.

Noch stand ich aufgelöst in ahnungtrunknes Staunen;
Da hört' ich mir ins Ohr wie Geistgflüster raunen:
Knie nieder und bet' an! Ich kniet' ins falbe Moos
Und also rang es sich aus meinem Innern los:
„O du, wie nenn ich dich, dem alle Adern wallen,
Und alle Herzen glühn und alle Zungen lallen ...
Zeus, Tien, Manitu, Allfader, Brama, Foh,
Jehova, Allah, O!"

„Sey wer du seyst, du bist! Ja, Wesen aller Wesen,
Ich glaube, daß du bist! Ich glaub' und bin genesen!
Ruhlechzend lehnt an dir der grübelnsmüde Geist,
Den rastlos der Begriff in ewgen Wirbel reißt.
Mag kein Vernunftschluß gleich dein Wie und Wo erklügeln,
Mag faseln der Epopt, mag spötteln der Sophist ...
Ich glaube, daß du bist"

Es zeuget, daß du seyst, die Harmonie der Sphären.
Der Himmel rufts der Erd. Die Erde rufts den Meeren,
Das Meer den Inseln zu, die seine Flut bespühlt;
Es zeugts der Donnersturm, das Lüftchen, das uns kühlt;
Die Katarakte zeugts, die wild der Alp' entstrudelt;
Der Vulkan, dessen Schlund geschmolzene Felsen sprudelt,
Der Eichwald und das Moos, der Lotos und der Tang,
Die Scholl' und der Montblanc.

Es zeuget, daß du seyst, der göttliche Gedanke,
Der jeden Zwang verschmäht und spottet jeder Schranke,
Den Himmel itzt erfliegt, zur Hölle sich dann senkt,
Das All, sein eigen Ich und dich, Erhabener, denkt.
Die ernste Stimme zeugts, die nimmer schweigt noch heuchelt,
Die nie dem Triebe frohnt und nie den Lüsten schmeichelt,
Die, wenn der Sinn sich sträubt und wenn die Neigung schmollt,
Gebietend spricht: Du sollst!

Ich soll, ich kann, ich will! Die Fessel ist zerbrochen!
Erhabnes Pflichtgesetz, du hast mich freigesprochen!
Nothwendigkeit, dein Sklav' streift deine Fesseln ab,
Und schaut, ein Geist, ein Held, ein Gott, auf dich herab.
Verschmäh, Unsterblicher, dem Eitlen nachzuschmachten!
Dir ziemt durch Heiligkeit nach Seligkeit zu trachten!
O du, der heilig ist; o du, der selig ist.
Ich glaube, daß du bist.

So rufend, staunt ich auf ... Und sieh, des Spätroths Gluthen
Erblassten. Schwer und tief hing auf die schwarzen Fluten
Und auf den Dünenschnee ein Trauerflor hinab.
Noch war erhaben still die Schöpfung wie ein Grab.
Schon rauscht es fern! Der Sturm erwacht; die Wogen grollen;
Die Donner. Dumpf erklingt die hohle Uferwand.
Dumpf Jasmunds Riesenstrand.

Und reißend wie ein Pfeil, geschnellt vom eibnen Bogen,
Kam wie ein Weltgericht das Wetter angeflogen.
In wildem Aufruhr gohr die Luft, das Meer, das Land;
Die Brandung geißelte den schaumbesprützten Strand;
Dem Wolkenschwall entschoß ein Knäuel weißer Flammen;
Ein friedlich Dörflein sank in Schutt und Graus zusammen.
Der Hagel schlug die Saat, und ein entmastet Schiff
Zerschellt' am herben Riff.

Und durch des lauten Sturm und durch des Donner Dröhnen
Erscholl der Schrei der Angst, des Jammers dumpfes Stöhnen.
Mich wehten Schauer an, mich fassten blitzgeschwind
Und schüttelt' hünenstark der Zweifel Wirbelwind.
Gestemmt auf meinen Grimm, schaut' ich mit bitterm Hone
Und frevelm Trotz empor zum blitzumschossnen Throne
Des Donnerschleuderers, und rief mit frechem Spott:
Thor, wo ist nun dein Gott!

Wo ist der Sel'ge nun, der Heil'ge der Gerechte!
Orkane weckt sein Hauch, sein Schnauben Wetternächte!
Hier raucht der Armen Saat, dort dampft sein Halmendach;
Dort stöhnt ein Schreitender, gequetscht vom Wellenschlag!
Victoria! Ihn preist der Unschuld lautes Weinen.
Ihm ist der Wuth Geheul, des Wahnsinns Phrenesie
Erhabne Psalmodie.

So wird der Sturm die Spreu, so ward ich dir zum Raube,
Megäre Zweifelsucht. Geknicket war mein Glaube.
Gestaltlos grinste mich die Schöpfung, ein Tyrann
Der Schöpfer, kalt und starr, ein Fatum an.
Von seinem Drachenschweif umschlungen und zerquetschet,
Von Larven angegrinst, von Furien angefletschet,
Mit ausgeschöpfter Kraft und ausgelöschtem Sinn,
Sank ich aufs Antlitz hin.

Als hätte rächend mich der Strahl gerührt von oben!
Von Ouragan umheult, von Hagelsturm umschnoben,
Lag ich gedankenlos, und mancher schwere Schlag
Erschütterte den Grund, auf dem der Zweifler lag.
Noch immer läuteten des Donners Aufruhrglocken.
Die Flammen leckten mir an den durchnässten Locken.
Itzt peitscht ein Schlossenschwall und itzt ein Wolkenbruch
Den Gipfel, der mich trug.

Zwei schwarze Stunden flohn. Itzt war der Blitze Köcher,
Der Schlossen Schatz erschöpft. Es grollte ferner, schwächer.
Ein lindes Säuseln rann durch die erfrischte Luft,
Und der erquickten Flur entwallet' Opferduft.
Ich taumelt' auf. Und sieh, zerrissen war der Schleier
Der andern Welt. So steht an Tagen großer Feier
Ein Allerheiligstes. So stand in hehrer Pracht
Die vollgestirnte Nacht.

Wie strudelte, wie wogt' aus undenkbaren Fernen
Der Orellanastrom von Sonnen, Monden, Sternen!
Wie äugelten so mild aus dem saphirnen Guß
Der weiße Azimech, der rote Regulus.
Es rollte Welt an Welt, es brauste Sonn' an Sonne;
Ein seliges Gewühl von Leben, Füll' und Wonne.
Es lag das große All stillsäugend, liebewarm
In seines Vaters Arm.

Und weich ward mir mein Herz; es schmolz in süßes Sehnen.
Das Auge letzte sich in wollustreichen Thränen;
Zu hoher Freudigkeit erwuchs das kalte Graun,
Der scheue Sklavensinn zu kindlichem Vertraun.
O Vater, rief ich aus, o du, in dessen Armen
Der Engel und der Wurm und Mensch und Mück' erwarmen,
Dir sinkt dein reuig Kind mit gramgemischter Lust
An die versöhnte Brust.

Ich seh, ich sehe schon des Daseyns Nacht gelichtet,
Versöhnet jede Fehd'und jeden Zank geschlichtet.
Entlarvt seh ich den Trug; ich seh den Wahn zerstreut,
Mit Elend Schuld gepaart, mit Tugend Seligkeit.
O Vater, bis sich dort des Diesseits Rätsel lösen,
Bewahre mich vor Schuld, behüte mich vor Bösem!
Gewünscht sey mir die Pflicht! Gesegnet dein Gebot!
Willkommen einst der Tod!

Gekräftigt steig ich nun hinab vom Prüfungshügel.
Im Osten wehten schon des Morgens Safransflügel.
Im hochzeitlichen Schmuck stand prangend die Natur.
Das Meer ein Amethyst, und ein Smaragd die Flur.
Am trümmervollen Strand, im Schutt verbrannter Hütten
Trat ich ein Retter auf in der verarmten Mitten.
Ich träuft' in ihren Kelch des Mitleids Honigseim.
Und ging getröstet heim.

*Aus Schillers Musen-Almanach von 1797*

## Aus Ida von Plessen

O du stille weiße Aue,
Du geheimes Uferland!
Einsam gürtend rollt die blaue
See um deinen Felsenstrand.
Keine Flur ist mir erschienen,
So entzogen aller Welt,
Wie umtürmt von wilden Dünen,
Dein geliebtes blaches Feld.

Zwar dir rauschen keine Wälder,
Blumenarm ist deine Flur;
Dennoch strahlt auf deine Felder
Groß und herrlich die Natur.
Über uns der weite Himmel,
Unter uns das weite Meer,
Und ein lustiges Gewimmel
Wachen Lebens um uns her.

Zwar nicht zarte Nachtigallen
Flöten unter Myrthenduft;
Dennoch duftet's, dennoch schallen
Frohe Kehlen durch die Luft.
Lautvoll sind des Meers Geschlechte;
Mit dem Flügel singt der Schwan,
Und durch stille Mitternächte
Tönt der laute Ozean.

Nie erstummt das rege Leben
Um den hohen Uferrand.
Schwalb' und Möw' und Taucher schweben,
Und die Woge schlägt den Strand;
Jetzt in wilden Mürmeltönen,
Jetzt wie wilde Donner gehen,
Daß die festen Felsen dröhnen,
Und die Dünen Schonung flehn.

Wann vernahm so heil´ge Laute
Je ein mittelländisch Ohr?
Zwar ihm flüstern süße traute
Lispel ihr Geschwätze vor.
Doch die von dem Meere rollen,
Wann die laute Brandung bricht,
Diese hohen wundervollen
Zauberstimmen kennt es nicht.

Wie aus fernen Welten gehet
Inhaltsvolle Rede her.
Ahnungsreicher Schauer wehet
Von dem unbegrenztem Meer,
Tief ergreifend, unergründet,
Welches Dichters Sinn und Mund
Tut, was keiner noch verkündet,
In des Menschen Sprache kund?

Dieses ward dem Ohr gegeben,
Auch das Auge schweigt entzückt.
Wunderbare Schatten schweben
Rings, wohin es staunend blickt.
Immer neu beleuchtet schwimmen
Wolkenbilder durch die Luft.
Dämmernde Gestalten glimmen
In des Meeres Nebelduft.

Sanft beglänzt vom Abendstrahle,
Von des Windes Hauch bewegt,
Flattern Schemen durch die Thale,
Wie von Geisterhand geregt.
Denn auf unsern Fabelauen
Wafelt noch das Alterthum,
Und mit süßem bangen Grauen
Feyern wir der Vorwelt Ruhm.

Wenn herab von hohen Staden,
Wo die große Fläche Blaut,
Irr auf ungemessnen Pfaden,
Ehrsuchtscheu das Auge schaut,
Schwimmt es in die weite Runde,
Zur Unendlichkeit gelenkt.
Manche wollustreiche Stunde
Hab' ich so den Blick getränkt.

Wenn die Sonne halbversunken,
An dem Wellentore glüht,
Und ein Meer von Flatterfunken
Niederwärts zum Ufer sprüht,
Faßt ich Sehnsucht, abzulanden,
Von der Erdenklippe fort,
Und nach Jenseits hinzustranden
An den hellen Freudenort.

O du schöne weiße Aue,
Du geliebtes Uferland!
Herrlich schwillt und rollt die blaue
See um deinen Felsenstrand.
Dieser Reiz, der nie veraltet,
Zieht mein ganzes Herz zu dir,
Und erhält dir, unerkaltet,
Meine Neigung für und für.

**Komm, Freundin meines Geistes,**

Laß von des Rugards Höhn
Uns staunend in die Ferne,
Ins Ungemessne sehn.
Sieh wie im Abendschimmer,
Von dunkler Fluth umkränzt,
Dein mütterliches Eiland
Uns hold entgegenglänzt
...

Sieh dort am Saum des Osten,
Umschürzt vom Ozean,
Hebt Jasmund seine Scheitel
Titanisch mondhinan.
Wohl seid ihr, Quoltiz Berge,
Hoch Seelow's Wolkenherd,
Gewalt'ge Stubbenkammer,
Wohl unsres Preises werth.

Doch werther noch des Preises
Ist euer Schwesterland,
Wo nach verklungnen Stürmen
Ich süßen Frieden fand.
Hast du nicht, stilles Wittow,
Des Schwärmers Sinn gezähmt,
Und seine Kraft gezügelt,
Und seinen Trotz beschämt?

Sey mir gegrüßt im Liede,
O güldnes Uferland!
Geheime Kräfte walten
An deinem stillen Strand.
In deinen Uferschründen
Wohnt namenlose Ruh,
Und Stein und Staud' und Welle
Spricht mir vertraulich zu.

Dort, wo umschäumt Arkona,
Die Brust den Wogen beut,
Schaut glanzberauscht das Auge
In die Unendlichkeit.
Es späht in Ost und Westen,
In Süd und Nord der Blick.
Und späht umsonst. Nicht draußen,
Nur drinnen wohnt das Glück.

Komm, Schwester meines Geistes,
Die Sonne sank ins Meer.
Schwer wälzt der Sturm und grollend
Die düstre Fluth daher.
Verwehte Wolken trüben
Des Himmels heitres Blau,
Und Inseln und Gewässer
Umflort ein neblig Grau.
...
O Insel meiner Liebe.
O Heimat meiner Ruh,
O Amme meines Geistes,
Gedeih' und grüne du!
Bis du am Tag der Tage
Wie Gold im Tiegel glühst,
Und einst aus Schlack' und Asche
Als schön'res Eden blühst.

**Der Abend**

Der Abend blüht,
Arkona glüht
Im Glanz der tief gesunknen Sonne
Es küsst die See
Die Sinkende,
Von Ehrfurcht schauernd und von Wonne.

Ein grauer Duft
Durchwebt die Luft,
Umschleiert Wittow's güldne Auen.
Es rauscht umher
Das düstre Meer
Und rings herrscht ahnungsreiches Grauen.

O trautes Land!
O heil'ger Strand!
O Flur, die jede Flur verdunkelt,
Flur, deren Schoß
Die Blum' entsproß,
Die alle Blumen überfunkelt.

Paart nicht den Schnee
Der Lilie
Die Holde mit der Glut der Rosen;
Die Au', ein Kranz
Voll Duft und Glanz
Reicht ihr den Preiß, der Tadellosen.

Ihr Umbraduft
Durchweht die Luft,
Und würzet rings die Näh' und Ferne.
Und stirbt das Licht
Des Liedes nicht,
So reicht ihr Nam' einst an die Sterne.

O trautes Land,
O hehrer Strand,
Sei stolz auf deiner Blumen Blume.
Das heil'ge Meer
Und rings umher
Die Inseln huld'gen deinem Ruhme.

Nacht hüllt den Strand.
Arkona schwand.
Verlohdert sind des Spätroths Gluthen.
Das Weltmeer grollt
Und glutrot rollt
Der Vollmond aus den düstren Fluten.

*Textfassung von Franz Schubert, vertont am 15.7.1815*

## Alles um Liebe

Was ist es, das die Seele füllt?
Ach Liebe füllt sie, Liebe!
Sie füllt nicht Gold noch Goldes Werth,
Nicht was die schnöde Welt begehrt;
Sie füllt nur Liebe, Liebe!

Was ist es, das die Sehnsucht stillt?
Ach Liebe stillt sie, Liebe!
Sie stillt nicht Titel, Stand noch Rang,
Und nicht des Ruhmes Schellenklang;
Sie stillt nur Liebe, Liebe!

Gern geb´ ich, was ich hab´ und bin,
Gern geb´ ich´s hin um Liebe.
Des Reichthums bunter Seifenschaum,
Der Wollust Rausch, des Ruhmes Traum,
Was frommt es ohne Liebe!

Viel besser ist´s, jung, kräftig, kühn
Im Arm der Liebe sterben,
Als ungeliebt und liebelos
In dumpfer Freuden matten Schooß
Veralten und verderben.

*Textfassung von Franz Schubert, vertont am 27.7.1815*

## Huldigung

Ganz verloren, ganz versunken,
In dein Anschaun'n, Lieblingin,
Wonnebebend, liebestrunken
Schwingt mein Geist sich zu dir hin.
Nichts vermag ich zu beginnen,
Nichts zu denken, dichten, sinnen,
Nichts ist, was das Herz mir füllt,
Huldin, als dein holdes Bild.

Wenn ich, Traute, dich erblicke,
Wird die Seele mir so klar.
Wenn ich dir die Hände drücke,
Zuckt's in mir so wunderbar.
Des Olympos hohe Zecher
Labt nicht so der Nektarbecher,
Der Ambrosia Genuß,
Wie mich labt dein keuscher Kuß.

Könnt', ach ich dich nur umschmiegen
Einen lagen Sommertag;
Dir am offnen Busen liegen,
Lauschend deines Herzens Schlag!
Könnt' ich, ach, dich nur umflechten
In den längsten Winternächten
Eingewiegt in seidnen Traum
Auf des Busens Schwandenflaum.

Und wie bald ist nicht verschwunden
Jenes Schlummers kurze Nacht!
Horch, es jubelt: Überwunden!
Schau, der ew'ge Tag erwacht!
Dann du Theure, dann du Eine,
Bist du ganz und ewig Meine!
Trennung ist das Loos der Zeit!
Ewig einigt Ewigkeit!

*Textfassung von Franz Schubert, vertont am 27.7.1815*

## Die Sterne

Wie wohl ist mir im Dunkeln!
Wie weht die laue Nacht!
Die Sterne Gottes funkeln
In feierlicher Pracht.
Komm, Ida, komm ins Freie,
Und laß in jene Bläue
Und laß zu jenen Höhn
Uns staunend aufwärts sehn.

Sieh, wie die Leyer schimmert,
Sieh, wie der Adler glüht!
Sieh, wie die Krone flimmert,
Und Gemma Funken sprüht!
Die hellen Wächter winken,
Die goldnen Wagen blinken,
Und stolz durchschwimmt der Schwan
Den blauen Ocean.

O Sterne Gottes Zeugen
Und Boten bess'rer Welt,
Ihr heißt den Aufruhr schweigen,
Der unsren Busen schwellt.
Ich seh' hinauf, ihr Hehren,
Zu euren lichten Sphären,
Und Ahndung bess'rer Lust
Stillt die empörte Brust.

*Zuerst erschienen 1776 in Schillers Musenalmanach,.*
*vertont von 15 Komponisten, u.a. von Schubert am 19. Oktober 1815*

## Aus der Rede am Napoleonstage des Jahres 1809

Nach der Würdigung Napoleons verweist Kosegarten verteidigend auf die Brisanz seiner Rede:

*Zu reden an einem solchen Tage, ist keine allzuleichte Aufgabe. Schwierig an und für sich selber schon, insofern über einen großen Vorwurf nur Großes zu reden sich geziehmet, und das auf große Weise; wird sie schwieriger noch, wenn etwa der Dolmetscher der öffentlichen Ehrerbietung sich gedrungen fühlen sollte, das Thema des Tages nicht etwa feigerweise zu umgehen, sondern vielmehr, dasselbe entschlossenen Mutes im Auge zu behalten; ... Der außerordentliche Mensch darf nicht hoffen, Gnade zu finden vor den Zeitgenossen; er wäre der außerordentliche nicht, wenn er nicht außerhalb des Zeitalters stände. Wie sollte nun derjenige auf Gerechtigkeit zählen dürfen von seiten seiner Zeit, dessen ungemeine Verhältnisse nicht mögen ausgemessen werden durch irgend ein bis jetzt herkömmliches Richtscheid; dessen außerordentliche Maßnehmung nur mögen gerechtfertigt werden durch die außerordentlichste aller Lagen; welcher in der Ausrichtung der ihm übertragenen allerschwersten Rolle nicht darf gehemmt und nicht einmal gezögert werden, weder durch das Mahnen der eignen Brust, noch durch den Schrei der untergehenden Völker; ...*

*Ein solcher wahrlich darf nicht hoffen, in gerechter Wage gewogen zu werden von den Zeitgenossen. Allzuviele Leidenschaften sind aufgeregt, als daß durch ihr mißtönendes Geschrei nicht sollte überschrieen werden des ruhigen Betrachters mahnende Stimme. Allzuviele Glückseligkeit ist zertreten durch der Zeiten herben Gang, zu vielerlei Interessen sind gekränket worden, zu viele Wünsche getäuscht, zu viele Erwartungen vereitelt, zu viele Berechnungen fehlgeschlagen, zu viele Lehrgebäude zertrümmert, zu viele voreilige Weissagungen wurden durch den Erfolg beschämt, allzu frisch ist noch der Verlust des Alten, allzuwenig entwickelt noch der Gang des ungewohnten Neuen; als daß, wer etwa sich berufen glaubte, zwischen der Parteien mißhelliges Gezänk auch nur ein vermittelndes Wörtchen einzuschieben, sich nicht aus hundert Richtungen beschuldigt hören sollte schnöder Rücksicht, verächtlicher Motive, zahmer Unterwürfigkeit unter die obsiegende Gewalt schlaffer Gleichgültigkeit gegen des Vaterlandes Wohl und Wehe, vatermörderischer Verleugnung der Deutschheit und der Menschheit selber ...*

Im weiteren bezieht sich Kosegarten vor allem auf: *... eine Verfassung, welche, die Gleichheit anerkennend ... in welcher wettzueifern jeder Kraft, jedem Talent, jedem Verdienst frei steht, ohne daß es eines Freibriefes der Ge-*

*burt dazu bedürfte; eine Verfassung ... welcher aber anzugehören keinem leid thun dürfte, dem seine Menschheit und sein Bürgertum heilig sind.*

*Einer solchen Verfassung wird erlaubt sein gegenüber zu stellen jene andern, welche in des sich klug und aufgeklärt dünkenden Europa übrigen Staaten zugleich mit ihr bestanden und zum Teil noch jetzt bestehn; Diese zweck- und planlos zusammen gestückelten Gebäude, das Werk des Zufalls, des Notdrangs, der Laune, der Gewaltthat und einer spät und furchtsam nachbessernden Weisheit. Was anders erblicken wir in ihnen als eine chaotisch gärende Masse einander unaussöhnlich bekämpfender Stände, Klassen, Kasten und Korporationen, mit Not zusammengehalten durch das lockere Band einer aus den verschiedenartigsten Bestandteilen, den Erzeugnissen mehr denn eines Zeitalters und Kulturgrades, zusammengestoppelten Gesetzgebung. Auch in diesen ward das Volk vertreten, so Gott will, durch Stände, welche als obersten Staatsgrundsatz aufstellten, daß, wer am meisten vermag, am wenigsten leisten solle. Das Vermögen der Staatsbürger wurde besteuert infolge des Grundsatzes, daß, wer am wenigsten besitzt, am meisten zahlen solle. Ein gedoppeltes Recht ward anerkannt und gehandhabt von den Gerichtshöfen, das eine, was gegeben ward zu Gunsten des müßigen und schwelgenden Teils der Nation, das andre, welches deren bedürftigen und arbeitenden Teil berücksichtigt. Zur Vaterlandverteidigung wurden verpflichtet nicht diejenigen, welche den vaterländischen Boden besaßen und ausdrücklich unter jener Bedingung mit ihm belehnt waren, sondern solche, welche überall kein Vaterland hatten. Durch die Menge der ausschließenden Vorrechte, der angeerbten und erworbenen Prärogativen wurde der Nationalkräfte bester Teil gelähmt, das aufstrebende Talent niedergehalten; Ehrtrieb, Wetteifer und Gewerbfleiß erschlafften. Neun Zehnteile des Volks lagen rechtlos und erbelos in den Ketten des übrigen Zehnteils; verurteilt, die Erdscholle, an welche sie gebunden waren für das Leben, zugunsten ihrer Erbherren im Schweiße ihres Angesichts anzubauen, bis sie einestens sie düngen würden mit ihrer Asche* (auf diesen Missstand verwies Kosegarten schon mit fast denselben Worten in den *Briefen eines Schiffbrüchigen 1792).*

*Missbräuche, wie diese, hat der Überwinder Europens überall gefunden, wohin seine siegreichen Waffen ihn führten. Befremdet und entrüstet durch die Zertretung der ursprünglichsten Menschenrechte hat er die Macht, die Gott ihm gab, benutzt, den gesellschaftlichen Verein zurückzuführen zu den ersten einfachen Grundsätzen. Statt die Nationen, die seinen Waffen erlagen, seinem Reiche einzuverleiben und nach alter Despotenart sie verwalten zu lassen durch Prokonsuln und Satrapen, hat er die Selbständigkeit der Völker geehrt und sich begnügt, ihren Regierungen den Geist einzuhauchen, der die*

Drey Gelegenheitspredigten, Leipzig 1792.

Dissertatio theologico-aestetica de auctorum sanctorum ipsiusque Jesu Christi vi atque indole poetica, Dissertation, Rostock 1793.

Briefe eines Schiffbrüchigen, in: Rhapsodien, Band 2, Leipzig 1794, neu hrg. von Coblenz, K., Bremen 1994., 5.Aufl. 2007.

Predigten, Band 1, Vorträge über des Menschen heiligste Pflichten, Berlin 1794.

Rhapsodien, Band 2, enthält u.a. die Briefe eines Schiffbrüchigen, Leipzig 1794.

Gillies, John, Geschichte von Altgriechenland und von dessen Pflanzstädten und Eroberungen, übersetzt von L. Th. Kosegarten, Bände 3 und 4, Leipzig 1794.

Predigten, Band 2, Vorträge über des Christentums hohen Wert und über seine edelsten Tröstungen, Leipzig 1795.

Eudämons Briefe an Psyche oder Untersuchungen über das Urschöne, Urwahre und Urgute, Leipzig 1796.

Eusebia, Jahresschrift zur Beförderung der Religiosität, Leipzig 1797.

Gast, John, Geschichte von Griechenland: seit Alexander des Macedoniers Thronbesteigung bis zur endlichen Unterjochung durch die Römer, übersetzt von L. Th. Kosegarten, Leipzig 1798.

Poesien, 2 Bände, Leipzig 1798.

Denkwürdigkeiten aus dem Leben und den Schriften der neuesten britischen Dichter, 2 Bände, Berlin 1800.

Der Prediger, wie er seyn sollte oder Denkwürdigkeiten aus dem Leben und den Schriften des Robert Robinson, gewesenen Baptisten-Predigers zu Cambridge. Frei nach dem Englischen des Georg Dyer bearbeitet, Leipzig 1800.

Ebba von Medem. Eine Tragödie in fünf Akten, Hamburg 1800.

Ida von Plessen, eine romantische Dichtung, 2 Bände, Dresden 1800.

Bianka del Giglio, eine romantische Dichtung, 2 Bände, Dresden 1801.

Blumen. Sammlung schottischer, schwedischer, dänischer Volkslieder, Berlin 1801.

Rhapsodien, Band 3, Leipzig 1801.

Garnett, Thomas, Reise durch die Schottischen Hochlande und einen Theil der Hebriden, übersetzt von L. Th. Kosegarten, 2 Bände, Lübeck und Leipzig 1802.

Poesien, Band 3. Neue verbesserte Auflage von Band 1 und 2, Leipzig 1802.

Jucunde von Castel. Eine Geschichte aus der Vendee. Nach dem Französischen der Madame Emilie d'Antraigues, 2 Bände, Neustrelitz 1802.

Legenden, 2 Bände, Berlin 1804.

Adele Cameron, eine romantische Dichtung, 2 Bände, Dresden 1803, Nachauflagen 1805, 1807, 1818.

Jucunde. Eine ländliche Dichtung in fünf Eklogen, Berlin 1803. Nachauflagen 1808, 1810, 1811,1817, 1822, 1824, 1834.

Die Inselfahrt oder Aloysius und Agnes. Eine ländliche Dichtung in sechs Eklogen, Berlin 1804.

Die Jungfrau von Nikomedia: Eine Sage aus der Christlichen Vorzeit, Berlin 1808.

Rede gesprochen am Napoleonstage des Jahres 1809 im größern Hörsaal zu Greifswald, Stralsund 1809, Nachdruck 1812. Auch in der Geschichte seines fünfzigsten Lebensjahres, S. 187ff.

Die Hingebung des Leonidas. Rede gesprochen an des Königs vier und sechzigstem Geburtstag im größern akademischen Hörsaal zu Greifswald, Greifswald 1812.

Dichtungen, 8 Bände, Greifswald 1812-1813.

Vaterländische Gesänge, Greifswald 1813.

Geschichte seines fünfzigsten Lebensjahres, Leipzig 1816.

Die Ströme. Übersetzung und Bearbeitung der „Torrents spirituels" von Jeanne Marie de la Motte Guyon, Stralsund 1817.

Die Sprüche der Sträußer-Mädchen, Greifswald 1818.

Die Lieder Luthers, Greifswald 1818.

## Die Werkausgaben Kosegartens

Dichtungen von Ludwig Gotthard Kosegarten. 12 Bände. Hrsg. Von Johann Gottfried Ludwig Kosegarten, Greifswald 1824 – 1827.

Lyrische Gedichte Kosegartens. Auswahl. Etui-Bibliothek der deutschen Classiker, Band 59, Heilbronn 1821.

Dichtungen von Ludwig Gotthard Kosegarten. Vollständigste Grätzer-Taschenausgabe, 12 Bände, Grätz 1825.

Anthologie aus Kosegartens Gedichten, 2 Bändchen, Miniatur-Bibliothek der Deutschen Classiker, Hildsburgshausen und New York 1829.

Reden und kleine prosaische Schriften, 3 Bände ( Band 1: Uferpredigten, Band 2: Akademische Reden, Band 3, Akademische Dissertationen), hrsg. Von Gottlieb Mohnike, Stralsund 1831-1832.

## Benutzte Literatur (in Auswahl)


Alvermann, Dirk, Arndt und Kosegarten – zwei rügische Dichter zwischen Gott, Napoleon und Nation, in: EMA (1769-1860): Dt. Nationalismus – Europa – Transatlantische Perspektiven, hg. von W.Erhart/A.Koch, German Nationalism (Studien und Texte zur Sozialgeschichte der deutschen Literatur 112), Tübingen 2007, S.77-95.

Arndt, Ernst Moritz, Erinnerungen aus dem äußeren Leben, Leipzig 1842.

- Gedichte, Leipzig 1843.

- Ueber Völkerhaß und über den Gebrauch einer fremden Sprache, Leipzig 1813.

Atterbom, A., Ein Schwede reist nach Deutschland und Italien. Jugenderinnerungen eines romantischen Dichters und Kunstgelehrten an die Jahre 1817 bis 1819, Weimar 1967.

Baier, Allwill, Aus der Vergangenheit, Berlin 1891.

Coblenz Katharina, Die Uferpredigten Gotthard Ludwig Kosegartens im Rahmen des Gesamtwirkens als Ausdruck seines Naturverständnisses, Diss. Berlin 1988.

- Hier ist gut sein. Aus den Uferpredigten Gotthard Ludwig Kosegartens, Berlin 1991.

- Idylle – Krise – Reife, Ludwig Gotthard Kosegarten in Spiegel unveröffentlichter Briefe, in: Pommern in der frühen Neuzeit, Tübingen 1994, S. 521 - 532.

Franck, H., Gotthard Ludwig Kosegarten. Ein Lebensbild, Halle 1887.

Goethe, J.W., Propyläen-Ausgabe von Goethes sämtlichen Werken, München 1924.

Grümbke, Johann Jakob, Neue und genaue geographisch-statistisch-historische Darstellung der Insel und des Fürstenthume Rügen, 2 Theile, Berlin 1819.

- Streifzüge durch das Rügenland, Berlin 1805.

Hinz, Sigrid, Caspar David Friedrich in Briefen und Bekenntnissen, Berlin 1968.

Holmes, Levis M., Kosegarten, The turbulent Life and Times of a Northern German Poet, New York 2004.

Humboldt, Wilhelm von, Tagebuch von seiner Reise nach Norddeutschland im Jahre 1796, hrg. von A. Leitzmann, neu verlegt Bern 1970.

Manger, Klaus, Melancholie und Harmonie in Ludwig Gotthard Kosegartens Lyrik, in: Pommern in der frühen Neuzeit, Tübingen 1994, S. 501 - 520.

Noll, Thomas, Die Landschaftsmalerei von Caspar David Friedrich, Physikotheologie, Wirkungsästhetik und Emblematik, München-Berlin 2006.

Pixberg, Sandra, Das Gute eifrig lieben, Johann Gottlieb Picht – Eine Biographie, Reprint-Verlag Rügen 2007.

Predigtentwürfe über die gewöhnlichen Episteln auf alle Sonn- und Festtage des Jahres in Sturmscher Manier, Leipzig an 1796.

Rellstab, Johann Carl Friedrich, Ausflucht nach der Insel Rügen durch Mecklenburg und Pommern [1797], hrg. von W. Griep, Bremen 1993.

Rohse, Eberhard, Regionalität, Poetizität, Theologie der Natur, in: Pommern in der frühen Neuzeit, „Uferpredigten" auf Rügen im Werk Ludwig Gotthards Kosegarten, hrg. von W. Kühlmann und H. Langer, Tübingen 1994, S. 449 - 499.

Runge, Johann Daniel, Philipp Otto Runge. Hinterlassene Schriften, 2 Bände, Hamburg 1840-1841, Reprint Göttingen 1965.

Safranski, Rüdiger, Romantik, Eine deutsche Affäre, München 2007.

Schiller, Friedrich, Sämtliche Werke. Nationalausgabe, Weimar 1964 ff.

Schleiermacher, Friedrich, Theologische Schriften, hrg. von K. Nowak, Berlin 1983.

Steffens, W., Kulturgeschichte von Rügen, Köln 1963.

Vogel, Gerd-Helge, Die Bedeutung Ludwig Gotthard Kosegartens für die Herausbildung des frühromantischen Weltbildes bei Caspar David Friedrich, in: Pommern in der frühen Neuzeit, Tübingen 1994, S. 549 – 562.

Ziel, Rudolf, Die Kosegarten, in: Zeitschrift für Kirchengeschichte, 3.Folge VIII, 57 (1938), S. 459 – 522.

## Bildnachweis

Titelumschlag: Caspar David Friedrich, Mönch am Meer, 1810, Nationalgalerie Berlin

Seite 4: Gotthard Ludwig Kosegarten, Kupferstich von H. Lips nach einem Gemälde von Weström 1798

Seite 7: Manuskriptseite von Kosegarten, 1811

Seite 8: Grabstein für G. L. Kosegarten, Foto K. Coblenz

Seite 10: Titelkupfer (Arkona) von E. Schubert zu Poesien 2. Band, 1798

Seite 12: Caspar David Friedrich, Kreidefelsen auf Rügen, 1818-1822, Winterthur

Seite 22: Caspar David Friedrich, Wiesen bei Greifswald um 1820, Kunsthalle Hamburg

Seite 26: Caspar David Friedrich, Stubbenkammer, 1803

Seite 29: Caspar David Friedrich, Ansicht eines Hafens (Greifswalder Hafen), 1815, Potsdam-Sanssouci, Schloss Charlottenhof

Seite 31: Titelkupfer zu Tränen und Wonnen, Stralsund 1778

Seite 33: Caspar David Friedrich, Hünengrab im Schnee, 1807, Dresden, Galerie Neue Meister

Seite 54: Alwina Kosegarten, Kupferstich von H. Lips nach einem Gemälde von Weström, 1798

Seite 57: Pfarrhaus Altenkirchen, Kupfer von Johann Jakob Grümbke, 1798

Seite 62: Pfarrkirche Altenkirchen, Foto K. Coblenz-Arfken

Seite 66: Wilhelm Riefstahl, Die Uferpredigt

Seite 70: Caspar David Friedrich, Blick auf Arkona mit Schiffbrüchigen, Greifswald, Quistorp, 1802

Seite 75: Blick über die Tromper Wiek vor Arkona, nach der Natur gezeichnet von Rosmäsler, Berlin 1835

Seite 82: Die Gräber der Kinder Kosegartens, Kupfer von C. Schulz nach einer Zeichnung von Kosegarten 1798

Seite 87: Caspar David Friedrich, Nebel, 1807, Wien, Kunsthistorisches Museum

Seite 91: Caspar David Friedrich, Abtei im Eichwald, 1810, Nationalgalerie Berlin

Seite 93: Titelkupfer zur Inselfahrt von J. F. Bolt 1804

Seite 99: A. H. Gladrow, 1807, Strandkapelle bei Vitt auf Wittow

Seite 99: Kapelle Vitt heute, Foto Katharina Coblenz-Arfken

Seite 101: Philipp Otto Runge, Der sinkende Petrus, Altarbild für die Kapelle Vitt 1806

Seite 111: Caspar David Friedrich, Mondaufgang am Meer, 1822, Berlin Nationalgalerie

Seite 121: J. F. Bolt, Kupferstich Ludwig Theobul Kosegarten, 1800, Dresden Kupferstichkabinett

**Hinweis:** In einigen Fällen waren die Inhaber der Rechte entweder nicht herauszufinden oder nicht erreichbar. Der Hamburger Haiku Verlag verpflichtet sich, rechtmäßige Ansprüche, die geltend gemacht werden, nach den üblichen Honorarsätzen zu vergüten.

## Liste der Subskribentinnen und Subskribenten

Eckart Redersborg, Grevesmühlen * Walter G. Goes, Rügen * Prof. Karl-Ewald Tietz, Binz * Heinrich Bodenberger, Grevesmühlen * Gert Bentin, Grevesmühlen * Kornelia Thielsen, Grevesmühlen * Elke Bestehorn, Leipzig * Eva Sieber, Neuendorf * Christa Cibulka, Gotha * Edith Görne, Dresden * Herta und Arnim Juhre, Wuppertal * Konrad Glöckner, Hiddensee * Uschka und Jürgen Thierfelder, Berlin * Prof. Heinrich und Ilsegret Fink, Berlin * Astrid Knoblauch, Rostock * Dr. Dirk Alvermann, Greifswald * Dorothee Köhn, Rostock * Susanne Grätsch, Greifswald * Claudia und Malte, Polzin * Barbara Peters, Binz * Roland Berndt, Benchow * Inge Bertelmann, Greifswald * Ines und Michael Kakosche, Lubmin * Gabriele und Karsten Eisenmenger, Halle * Karlheinz Kaiser, Dresden * Prof. Jürgen Schieferdecker, Dresden* Kerstin Krause, Lambrechtshagen * Dr. Ernst Usemann, Hannover * Hans Kosegarten, Watermoerstorf * Christel und Gunter Henning, Grevesmühlen * Hannelore Pohl, Neschow * Anneliese Swarzenski, Berlin * Hildegard und Walter Trautwein, Karlsruhe * Dr. Wolfgang Schmidt, Kronach * Helga Stoll, Malchow * Waltraut und Peter Loeck, Grevesmühlen * Gudrun und Artur Rostek, Grevesmühlen * Christa und Ulrich Beyer, Leeza * Hildegard Polzin, Reinkenhagen * Dorothea Lütgert, Northeim * Wolf Matthias Friedrich, Hermsgrün * Sabine Redersborg, Neu Degtow * Lina Redersborg, Neu Degtow * Thilo von Westernhagen und Monika Borchfeldt, Kulturgut Dönkendorf * Horst Lederer, Grevesmühlen * Jutta Sill, Altenkirchen * Heidrun Campe, Stralsund * Hanna Matthies, Göttingen * Inge Buck, Kornwestheim * Stadt Wolgast * Manfred Domrös, Brandenburg * Wolfgang und Karin Krüger, Grevesmühlen * Margarete Wegener * Dr. Ute und Eberhard Kraeft, Stralsund * Hans Ulrich Carl, Baden-Baden * Nils Jörn, Wismar * Dr. Hansen, Willerswalde * Anette Reuter, Rügen * Peter Penhaef, Neuenkirchen * Dorothea Klepp, Northeim * Jadwiga und Günther Piper, Hohnstedt * Stadt Grevesmühlen * Petra und Volker Steps, Reichenbach * Monika und Manfred Bohge, Berlin * Martin Gentz, Quedlinburg * Gunther Britz, Langenfeld * Ursula und Walter Hertzsch, Leipzig * Ellen Grebe, Göttingen * Torsten-Wilhelm Wiegmann, Hohnstedt * Dr. Jost Wetter-Parasie, Northeim * Horst Wenthe, Bad Eilsen * Helga Wolter, Gumptow * Dr. Roswitha Wogenstein, Berlin * Prof. Axel Seyler, Blomberg * Dr. Eberhard Rohse, Göttingen

**Bücher aus dem Hamburger Haiku Verlag**

**100 Gedichte von wundersamer Schönheit**

**Dichterinnen aus drei Jahrhunderten**

**Worte – ewig jung und ganz nah**

**Renate Günther, Erika Wübbena (Hg.): Dieses Suchen und dies Finden**
**100 Gedichte der beliebtesten Dichterinnen deutscher Sprache**
**Hamburger Haiku Verlag 2006, Paperback, 148 Seiten**
**ISBN: 978-3-937257-90-7, Preis: 11,90 Euro**

**Josef Guggenmos**, der bedeutende Kinderlyriker, hat sich in seinen letzten Lebensjahren dem Haiku Schreiben zugewandt. In diesem Buch sind siebzig seiner schönsten Haiku zusammengestellt. Die kleinen Gedichte wurden mit außergewöhnlichen Drucken des japanischen Malers Itô Jakuchu (1716-1800) illustriert.

**Josef Guggenmos: Rundes Schweigen**
**Ausgewählte Haiku 1982 - 2002**
**Hamburger Haiku Verlag 2005, Paperback, 96 Seiten**
**ISBN: 978-3-937257-09-9, Preis: EUR 9,80**

FSC
www.fsc.org
MIX
Papier aus verantwortungsvollen Quellen
Paper from responsible sources
FSC® C105338